예기치 못한 사랑

EXTRAVAGANT LOVE

EXTRAVAGANT LOVE

by Steve J. Hill

Copyright ⓒ 2005 by Steve J. Hill
All rights reserved

Korean translation copyright ⓒ 2010 by Pure Nard
2F 774-31, Yeoksam 2dong, Gangnam-gu, Seoul, Korea

본 저작물의 한국어판 저작권은 저자와의 독점 계약으로 한국어 판권은 '순전한 나드'가 소유합니다. 저작권자의 허락 없이 이 책의 일부 또는 전체를 무단 복제, 전재, 발췌하면 저작권법에 의해 처벌을 받습니다.

예기치 못한 사랑

초판발행 2010년 8월 14일

지은이 스티브 J. 힐
옮긴이 심현석

펴낸이 허철
편집 송혜숙
내지 디자인 이현주
표지 디자인 오순영
인쇄소 예원프린팅

펴낸곳 도서출판 순전한 나드
등록번호 제2010-000128
주소 서울 강남구 역삼2동 774-31 2층
도서문의 02) 574-6702 / 010-6214-9129
Fax. 02) 574-9704
홈페이지 www.purenard.co.kr

ISBN 978-89-6237-071-3 03230

예기치 못한 사랑
EXTRAVAGANT LOVE

스티브 J. 힐 지음
심현석 옮김

감사의 글 ACKNOWLEDGMENT

　책을 펴낼 때마다 나는 이것이 '나 자신만의 노력'으로 이루어진 성과가 아님을, 여러 다른 사람의 수고와 영향력이 빚어낸 결과임을 인정한다. 언제든 나는 "내 삶과 내 글은 수많은 사람-가족, 친구, 내가 사랑하는 저자들-의 깊은 관심과 영향의 총체다"라고 말할 준비가 되어있다. 이들의 생각과 아이디어들이 이 책에 묻어있음은 두말할 나위 없는 사실이다. 그들 모두에게 감사의 말을 전하고 싶지만 (그만큼의 지면이 허용되지 않는 관계로) 그중 내게 큰 은혜를 주신 몇몇 사람에게 이 장을 빌려 고마운 마음을 전하고자 한다.

　어머니와 아버지께: 부모님! 오랫동안 경건의 모범이 되어주셔서 감사드립니다. 저를 사랑하시고 또 자랑스럽게 여겨주신 것은 부모님께서 생각하는 이상으로 제게 큰 힘이 되었습니다.

　빌 스티븐슨(Bill Stevenson)**에게**: 이 책을 마무리하는 동안 하와이의 멋진 집에 머물 수 있도록 허락해주신 것을 감사드립니다. 태평양과 카우이(Kauai) 화산섬의 아름다움에 둘러싸인 채로 집필하면서 얻었던 커다란 영감은 이루 다 말할 수 없습니다.

알린 슬론(Arlene Sloan)에게: 큰 배려와 후원에 감사드립니다. 팸(Pam, 저자의 아내)과 나는 진정으로 당신을 사랑하며 당신의 우정을 마음 깊이 새겼습니다.

안드레아 페레즈(Andrea Perez)에게: 제가 한 말을 녹취하여주신 노고에 감사드립니다. 또 사랑으로 봉사하여주신 것이 제게 얼마나 큰 감동을 주었는지요! 팸과 나는 당신과 파블로(Pablo)를 진심으로 사랑합니다.

클라이드 스터츠만(Clyde Stutzman), 스티브 와이즈(Steve Wise), 데이비드 로우즈(David Rhodes), 로드 아길라드(Rod Aguillard), 론 앨런(Ron

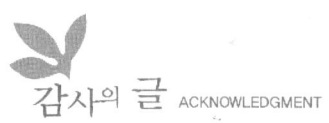
감사의 글 ACKNOWLEDGMENT

Allen), 댄 하드웨이(Dan Hardway), 마이크 렉리트너(Mike Lechlitner), 척 클래이튼(Chuck Clayton), 브렌트 번즈(Brent Byrnes), 워렌 월터스(Werren Walters)에게: 함께했던 좋은 시간들, 우리의 우정… 진심으로 감사드립니다. 당신들과 함께 웃을 수 있어서 기쁩니다.

내 아들 랜스(Lance)와 조나단(Jonathan)에게: 종교적인 태도로 삶을 바라보지 않도록 항상 내게 경계심을 주었던 아들들아, 고맙다! 너희들은 내 삶의 기쁨이란다. 내가 너희를 얼마나 사랑하고, 또 얼마나 자랑스러워하는지는 말로 다 표현할 수 없구나!

며느리 위트니(Whitney)와 다나(Dannah)에게: 우리 가족이 된 것을 진심으로 환영한다! 내 아들들을 사랑해주고 그들을 '완성시켜' 주어서 참으로 고맙다.

내 아내 팸(Pam)에게: 이 책을 당신께 바칩니다. 당신은 내 신부요, 하나님의 마음을 향해 걸어가는 이 여정의 동반자입니다. 이 책의 편집을 도와주어 고맙습니다. 언제나 당신을 사랑합니다!

마지막으로 오랜 시간 동안 내게 도움을 주었던 수많은 친구에게: 나를 친구로 삼는 것이 결코 쉽지 않은 여정이었지요? 하지만 '당신'이라는 친구가 있어서 제겐 큰 영광입니다.

차례

서 문 ───── 10

제1장 | 태초 이전의 사랑(시간이 시작되기 전의 사랑)
　　　　A Love Before Time Began ───── 13

제2장 | 신랑과 신부의 초상(肖像)
　　　　Portraits of the Bride and Groom ───── 25

제3장 | 신부의 아버지
　　　　The Father of the Bride ───── 45

제4장 | 거룩한 청혼
　　　　A Sacred Marriage Proposal ───── 65

제5장 | 계명인가, 아니면 혼인 서약인가?
　　　　Commandments or a Marriage Contract? ───── 85

제6장 | 영원히 신실하신
　　　　Forever Faithful ───── 109

제7장 | 하나님은 질투하시는 남편
    God-The Jealous Husband   *131*

제8장 | 낙원이 회복되다
    Paradise Restored   *157*

제9장 | 천국에서의 결혼
    A Marriage Made in Heaven   *187*

제10장 | 용감한 신랑
    The Bravehearted Bridegroom   *211*

서 문

나는 훌륭한 크리스천 부모와 교회의 가르침을 받으며 자랐지만, 하나님을 무서워하며 성장했다. 이 사실이 이상한가? 아마 독자들 중에도 나와 동일한 경험을 한 사람이 있을 것이다. 수도 없이 "하나님은 너를 사랑해"라는 말을 들어왔지만, 사랑은커녕 하나님이 나를 좋아한다는 느낌조차 받을 수 없었다.

특히 구약성경에 나타난 하나님을 이해하는 데 어려움이 있었다. 하나님의 질투 어린 분노와 의의 심판을 설명해놓은 구절을 대할 때엔 더욱 그러했다. 이러한 이유로 나는 하나님의 심판이나 분노의 내용을 담은 구약의 여러 부분을 무시하였다. 어쨌든 구약을 '철 지난' 책으로 여겼기 때문에 그렇게 하는 데에 별로 거리낌은 없었다.

하지만 '영적 진리'를 알아내기 위한 힘겨운 여정은 계속되었다. 물론 내 마음에는 얼마나 노력하든 상관없이 하나님께서 내게 바라시는 기대치에 결코 도달할 수 없다는 생각이 깊이 자리했다. 그럼에도 나는 계속해서 종교적인 행위와 규칙에 헌신을 다짐하였다. 그렇게 하는 것이 하나님의 뜻이라고 생각했기 때문이다. 사실 십계명에 명시된 것도 '무조건 따르라' 라는 일변도이지 않은가?

그러나 '영원' 이라는 개념을 생각했을 때, 내가 했던 모든 종교적 행위는 공포심과 두려움만 가중할 뿐이었다. 혹여나 지옥에 떨어지지는 않을까 하는 생각에 겁을 집어먹었지만, 그와 동일하게 천국에 가는 것도 무서웠다. 내가 듣기로 하나님은 '커다란 스크린'과 같고, 또 모든 사람이 볼 수 있도록 그 스크린에 내가 지은 죄와 나의 부족한 점, 연약한 부분들을 낱낱이 영사하시는 분이었다.

성경에 나타난 하나님의 아름다움과 열정에 눈이 열린 것, 특히 구약을 통해 계시된 하나님의 참모습을 보게 된 것은 한참 후의 일이었다. 성경에서 내가 발견한 새로운 사실들은 나의 마음을 매료시켰을 뿐만 아니라 나의 삶의 방향을 송두리째 바꾸어놓았다. 이전에 맛보지 못했던 새로운 경험의 장(場)으로 들어가게 된 것이다.

이 책을 빌려, 나는 수많은 독자가 전혀 경험해보지 못했던 하나님

서문

의 면모를 소개하고자 한다. 이 책의 내용을 읽을 때, 하나님의 실체에 대한 당신의 생각은 바뀔 것이다. 전에는 깨닫지 못했던 하나님의 독특한 성품을 알게 될 때, 당신은 놀라움을 금치 못할 뿐더러 하나님을 더 알고 싶은 욕구로 충만한 마음을 갖게 될 것이다.

하나님은 인간의 '종교'가 규정하는 '신'의 개념 범주에 갇혀있는 분이 아니다. 하지만 안타깝게도 너무나 자주 또 너무나 심각하게 하나님은 오해되고 잘못 묘사된다. 심지어 하나님이 사용하시는 선한 방법이나 동기에도 의문이 제기된다. 이러한 이유로 너무나 많은 사람이 구약의 하나님, 우리를 향해 질투하시기까지 열정적인 사랑을 나타내시는 하나님을 이해하지 못하고 있다.

당신을 향한 하나님의 열정 어린 사랑은, 당신이 상상할 수 있는 최대치의 사랑보다 훨씬 더 크고 훨씬 더 강력하다! 마음을 열고 하나님의 아름다움을 깨닫고자 하는가? 그렇다면 당신의 삶을 영원히 변화시켜줄 그 길로 안내할 수 있도록 내게 기회를 주기 바란다. 내게 한 번 맡겨보지 않겠는가?

제1장

태초 이전의 사랑(시간이 시작되기 전의 사랑)

A Love Before Time Began

제1장
태초 이전의 사랑(시간이 시작되기 전의 사랑)

"하나의 주제가 성경 전체를 아우른다." 당신은 이 사실을 알고 있는가? 성경의 첫 장부터 마지막 장까지를 잇는 커다란 주제가 있다는 것을 말이다. 성경을 읽고 또 연구하다 보면 하나님의 구원 계획 및 그것에 연관된 일련의 사건과 다양한 일화들이 제일 먼저 눈에 띌 것이다. 하지만 그 모든 것을 하나로 이어주는 주제가 따로 있으니, 바로 '결혼'(bridal theme)이다. 수차례 성경 통독을 했더라도 이러한 주제가 있다는 것조차 몰랐을 수도 있다. 사실 성경은 '혼례'와 연관된 용어들로 가득하다. 창세기에 나타난 한 남자와 한 여자의 신비로운 '연합'에서 시작하여, 신약에 이르러서 밝혀질 '가장 위대한 사랑'의 전조랄 수 있는 '약혼' 및 '결혼'에 이르기까지, 성경은 실로 결혼을 주제로 한 언어들의 향연이다. 일단 '결혼'이라는 주제를 염두에 두고 성경을 읽기 시작한다면, 육십육 권 중, 단 한두 권만 읽더라도 이 주제가 금방 눈에 들어올 것이다.

잠시 생각해보라. 하나님은 '결혼'이라는 제도로 인류의 역사를 시작하셨다. 게다가 전례 없는, 성대한 '결혼식'을 베푸심으로 인류의 역사를 종결지으실 것이다. 창세기는 아담과 하와의 거룩한 연합이 태동하는 과정을 생생하게 그려내었다. 반면 요한계시록은 시간(시대)의 마지막 장을 매우 섬세한 손길로 그려내고 있는데 그중 단연 교회와 그리스도의 신성한 연합이 압권이다. 성경을 구성하는 첫 번째와 마지막 책이 결혼이라는 주제를 담고 있다. 이것은 결코 우연이 아니다. 나는 그 안에 하나님의 심오한 계획이 내재함을 확신한다. 그분의 의중(意中)에는 인류를 향한 끝없는 열정과 로맨스가 자리하고 있다.

성경 전체를 관통하는 주제, 곧 '결혼'이라는 주제를 인식하기 시작할 때 성경을 대하는 우리의 태도가 변할 것이다. 읽는 방법과 자세도 달라질 것이다. 또한 '하나님의 구원'이라는 거룩한 로맨스를 새롭게 이해하고 체험하는 역사도 일어날 것이다. 예수님께서 전하신 이 말씀을 마음에 새기라. "영생은 곧 유일하신 참하나님과 그의 보내신 자 예수 그리스도를 아는 것이니이다"(요 17:3). 이 구절에서 '알다'로 번역된 헬라 원어는 '친밀한 관계에서 서로를 이해하고 아는 지식'을 뜻한다. 이것은 '아담이 하와를 안다'라고 말할 때의 '앎'과 같다. 아담과 하와 이후 모든 세대의 남편과 아내 사이의 '앎' 역시 이 범주에 속한다. 하나님의 사랑은 우리를 그분 자신에게로 인도한다. 그런데 우리의 제한된 지각으로는 그분의 사랑을 도무지 이해할 수가 없다. 하지만 이 사실을 기억하기 바란다. 그가 우리를 사랑하시는 목적은 다름 아닌 '앎'에 있다. 우리와 더 깊고 더 친밀한 '앎'의 관계를 맺기 위해 하나님은 우리를 사랑하신다.

태초의 가든 웨딩 (에덴동산에서의 결혼식)
In the Beginning–A Garden Wedding

창세기 초반부 몇 장은 너무 단순한 나머지 이를 역사적인 사건으로 받아들이기조차 어려운 점이 없지 않다. 하지만 창조주 하나님께서 즐거운 마음으로 온 우주를 조성하신 것은 사실이다. 하나님은 열정을 가지고 태양계를 디자인하셨다. 이것 또한 사실이다. 온화하고 부드러운 사랑으로 '지구'라는 행성을 손수 지으셨다. 하나님은 세심한 손길로 공중의 새와 바다의 물고기를 만드셨고 이들이 함께 살아갈 수 있도록 거주 환경을 조성하시어 참으로 놀라운 생태계의 조화를 이루어내셨다. 태초에 지음 받은 모든 것의 경이로움과 찬란함은 말로 다 표현할 수 없을 정도다. 하나님이 갓 지으신 육축들은 혀에 닿는 풀과 잎사귀의 풍미를 만끽할 수 있었다. 처녀비행을 하기 위해 부드러운 날개를 조심스럽게 펼쳐보는 새들의 모습이 보이는가? 이제 막 지표면을 뚫고 올라온 꽃들은 저마다 잎을 틔워 햇살을 머금었다. 창조주의 예술혼이 아름답게 전시된 현장이 아닌가! 하나님의 피조세계는 모든 면에서 완벽했다.

하지만 하나님은 아직 만족하실 수 없었다. 창세기의 기록이 이 사실을 전해준다. 기록대로라면 하나님의 마음은 또 다른 무언가를 깊이 갈망하고 있었던 게 틀림없다. 하나님께서는 자신과 친밀한 관계를 공유할 수 있는 어떤 대상을 원하셨던 것이다. 자신의 전부를 내어주어도 아깝지 않을 만큼 사랑스러운 존재를 갈망하셨다. 창세기 1장 26절은 다음과 같은 기록으로 이를 확인시켜주고 있다. "하나님이 가라사대 우리의 형상을 따라 우리의 모양대로 우리가 사람을 만들고 그로 바다의 고기와 공중의 새와 육축과 온 땅과 땅에 기는 모든 것을 다스리게 하자 하시고." 그렇게 하나님은 사람을 만드셨다. 자신의 형상을 따라 사람을 지으셨다. 그리고 그와 동행하시며, 그로 하여금 '하나님의 임재'라는 참된 기쁨을 맛보게 하셨다.

하지만 얼마 지나지 않아 이 첫 사람, 아담은 자신의 삶에서 무언가가 결여되어있음을 깨달았다. 주변을 거니는 동물을 보노라니 모두 암컷과 수컷, 서로 짝을 이루고 있었다. 순간 아담의 마음에는 원인을 알 수 없는 공허함이 요동하기 시작했다–나는 그렇게 상상해본다. 아마도 그의 심장은 '무언가'를, 아니 자신과 비슷한 '누군가'를 갈망하는 열정으로 불타올랐으리라.

창세기를 읽다 보면, 어느 시점에선가 하나님이 아담의 이러한 처지를 살피시며 "이건 좋지 않군!"이라고 말씀하시는 대목이 나온다. "사람의 독처하는 것이 좋지 못하니…" 이전에는 볼 수 없었던 부정적인 표현이다. 하나님께서 이렇게 말씀하시기 전, 성경에 기록된 하나님의 감탄사는 오직 "좋았더라!"뿐이었다. 이 사실이 놀랍지 않은가?

하나님이 창조하신 모든 것은 당연히 좋을 수밖에 없다. 그러나 그가 창조하시고 디자인하신 모든 것 중, 적절한 동반자가 없음을 깨달은 아담의 처지 곧, 그의 외로운 상태만큼은 '좋지 못하다'는 평가를 받았다. 왜 그럴까? 도대체 왜 아담은 온전한 만족을 누리지 못했을까? 그가 아는 것, 경험한 것, 그 모든 것이 실로 모든 면에서 완벽했는데도 아담은 만족하지 못했다. 하나님께서 아담을 바라보시며 하신 말씀, "사람의 독처하는 것이 좋지 못하니 내가 그를 위하여 돕는 배필을 지으리라"(창 2:18)에 담긴 영적인 의미는 무엇인가?

이 질문에 답하기 위해, 먼저 사도 바울이 고린도 교회에 보냈던 첫 번째 서신을 살펴봐야 한다. 고린도전서 15장 45절에서 바울은 아주 독특한 표현으로 그리스도를 묘사했다. '마지막 아담!' 이렇게 아담과 예수님을 비교해본다면, 참으로 광범위한 영적 지식을 깨달을 수 있다. 게다가 예언의 관점에서 이 구절을 바라본다면, 이 말씀은 훨씬 더 큰 중요성으로 다가온다.

'동반자'를 찾으려는 아담의 마음속 갈망은 사실, 원인을 설명할 수 없는 성질의 것이다. 하지만 그 연원을 거슬러 올라간다면 그의 갈망이 성부 하나님의 마음속 갈망과 닮아있음을 알 수 있다. 또한 성부 하나님과 성자 예수님 사이에서 체결된 영원한 약속과 깊이 연관되어있음도 알 수 있다(성부 하나님께서는 예수님에게 신부를 주시겠다고 약속하셨다).

하나님께서는 아담의 DNA 속에 특별한 유전인자를 심어놓으셨다. 그 유전인자는 자신의 신부를 애타게 갈망하는 성자 예수님의 마음을 반영하고 있다. 결국 '아담의 외로움'은 신부를 향한 예수님의 갈망이 DNA 유전인자를 통해 표면적으로 그 모습을 드러낸 결과다. 그러므로 아담의 외로움은 예수님의 마음속 갈망을 대언적으로 보여준 경우라고 할 수 있다. 동반자를 찾으려는 아담의 갈망은 태초 이전부터 예수님의 마음에 자리했던 깊은 갈망을 반영한다. 그분의 갈망은 하늘 아버지께서 약속하시고 또 예비해두신 미래의 신부를 향해있다.

이 얼마나 놀라운 이야기인가! 이러한 유(類)의 이야기를 들어본 적이 있는가? 스스로 완전하신 하나님, 조금도 부족함이 없으신, 그 어떤 것도 더 필요치 않으신 하나님께서 누군가를 갈망하셨다! 그래서 열방 가운데에서 자신의 백성을 선택하셨다! 게다가 그 백성이 장차 자신의 신부가 될 것이라고 기대하신다!–이것보다 이해하기 어려운 미스터리가 있겠는가? 그 누가 이 신비를 이해하겠는가?

이제 창세기 2장 24절을 대할 때마다 이 말씀이 한 남자와 한 여자의 연합을 설명해주는 말씀으로만이 아니라 그리스도께서 장차 자신의 신부가 될 교회를 향해 무엇을 원하시는지를 보여주는 말씀으로 받아들이게 될 것이다. "이러므로 남자가 부모를 떠나 그 아내와 연합하여 둘이 한 몸을 이룰지로다"(창 2:24).

사도 바울은 에베소서 5장 31-32절을 통해 이 진리를 되뇌고 있다. "예수님은 아버지의 품을 떠나셨다. 자신에게 주어진 모든 찬란함과 명예를 버리셨다. 위험을 무릅쓴 채 이 작고 작은 땅 위로 내려오셨다. 이 모든 것은 장차 자신의 신부가 될 백성의 손을 붙잡기 위해서였다." 오늘날 할리우드에서 그려내고 있는 사랑 이야기와는 비교할 수 없는 사랑이다. 이 사랑은 구원의 로맨스다. 우리 각 사람을 향해 불타오르는 하나님의 깊은 열정을, 우리의 눈으로 직접 바라볼 수 있도록, 이 사랑은 우리의 심령을 일깨워준다.

신랑 되신 하나님
The Bridegroom God

결혼이라는 주제를 염두에 두고 신약성경을 탐구한다면, 하나님과 인간의 영원한 로맨스가 더욱 거센 열기로 뜨거워지고 있는 것을 발견할 수 있다. 마태복음 9장 15절에서 예수님은 자신을 가리켜 '신랑'이라고 말씀하셨다. 자칭 '신랑'이라고 말씀하신 부분은, 예수님께서 자신의 참된 감정과 의도를 보이신 대목으로 평가된다. "혼인집 손님들이 신랑과 함께 있을 동안에 슬퍼할 수 있느뇨 그러나 신랑을 빼앗길 날이 이르리니 그때에는 금식할 것이니라."

　주님이 사용하신 용어의 중요성을 생각해보라. 예수님께서는 로맨틱하고 열정적인 용어가 사람의 마음을 움직인다는 것을 이해하고 계셨다. 위의 구절을 통해 주님은 이 땅에서 감당해야 할 자신의 사명이 '신랑'의 사명임을 나타내셨다. 또한 혼례와 관련된 용어를 사용하시며 인류를 향한 자신의 깊은 사랑을 보여주셨다.

　예수님께서 베푸신 첫 번째 기적의 공간 배경 역시 결혼 연회장이었다는 것을 기억하는가? 요한복음 2장에는 예수님이 갈릴리 가나의 혼인 잔치에 초대받으신 사건이 기록되어있다. 당시 마리아(예수님의 어머니)가 그분에게 나아가 잔치 중에 큰 문제가 발생했다고 언질을 주었다. 어떤 이유인지는 모르지만 포도주가 다 떨어진 것이다(예산을 잘못 세웠든지 아니면 포도주 통이 깨졌든지). 마리아는 예수님께 이 문제의 해결을 요청했다. 그녀의 부탁에 예수님께서 어떻게 응답하셨는지 기억하는가? 예수님은 다음과 같이 대답하셨다. "내 때가 아직 이르지 못하였나이다"(요 2:4).

　나는 오랜 시간 이 말씀을 곱씹으며 묵상했다. 또 연구했다. 그러던 중 처음에는 퉁명스러운 말처럼 들리던 예수님의 대답 속에 무언가 흥미로운 요소가 담겨있음을 발견하게 되었다. 당시의 풍습에 따르면 결혼식 연회를 위한 포도주의 구매는 언제나 신랑의 몫이었다. 신랑은 모든 손님이 충분히 마실 만큼의 포도주를 장만해야 했다.

　그렇다면 "아직 내 때가 이르지 않았습니다"라는 예수님의 말씀은 '기적을 베풀기 위해서는 더 나은 때를 기다려야 한다', '기다리는 것이 하늘 아버지의 뜻이다' 라는 말씀으로 해석해야 하는가? 나는 그렇게 생각하지 않는다. 솔직히 나는 이 말씀을 다음과 같이 해석한다. 예수님은 미래의 신랑으로서 이렇게 말씀하신 것이다. 장차 다가올 자신의 결혼식을 위해, 즉 어린양의 혼인 잔치(계 19:7)를 위해 예수님은 스스로 포도주를 준비하실 것이다. 그러므로 아직 그때가 이르지 않은 것이다. 더 쉬운 말로 하자면 예수님은 "나의 결혼식이 아닌데 왜 내가 이 일에 관여해야 합니까?"라고 말씀하신 것이다.

당시 물이 포도주로 변화된 기적은 장차 예수님의 혼인 잔치가 어떠할지를 우리에게 암시해준다. 예수님은 자신의 피로연장에서 다시 한 번 최상급의 포도주(요 2:9-10 참조)를 베푸실 것이다.

왕의 결혼식 날
The King's Wedding Day

예수님께서 자신의 결혼식을 얼마나 기대하고 또 기뻐하실지 상상할 수 있겠는가? 그의 혼인 잔치에 대해 온전히 이해할 수는 없지만, 성경은 우리에게 그날에 관한 몇몇 단서를 제공해주고 있다.

인류 역사는 가장 위대한 이 결혼식을 기점으로 클라이맥스에 도달할 것이다. 생각해보라. 하늘 아버지께서 신부 된 우리를 신랑이신 예수님께로 인도하실 것이다. 성경은 이 사건을 가리켜 "혼인날 마음이 기쁠 때…"라고 언급한다(아 3:11 참조). 예수님은 이 영적인 잔치를 기뻐하며 즐기실 것이다. 놀라운 일이 아닐 수 없다!

당신은 이 혼인 예식이 어떠할지 상상할 수 있는가? 하나님의 아들과 연합하는 순수한 기쁨, 때 묻지 않은 희락을 체험하게 될 것이다. 그는 우리를 연회장으로 인도할 것이다. 우리 머리 위로 휘날리는 깃발은 그분의 사랑을 포효할 것이다(아 2:4). 신랑이신 왕과 마주 앉아 우리는 결혼 연회를 즐기게 될 것이다.

이루 다 말할 수 없는 아름다운 음악이 들려온다! 음악은 아마 독생자의 혼례를 기뻐하는 아버지의 마음을 가장 강렬하게 표현하는 방법이리라. 매우 열정적이고 매우 큰 기쁨으로 가득한 음악이기에 그것을 듣는 우리의 심장은 곧 녹아내릴 것이다. 그리고 신랑 예수님께서는 우리를 향해 사랑의 세레나데를 부르실 것이다(습 3:17 참조). 나는 그렇게 믿는다. 그분이 부를 애정의 노래는 우리의 마음을 뒤흔들어서 꿈에서도 느껴보지 못한 사랑의 감정을 불러일으킬 것이다.

하지만 여기서 끝나지 않는다. 계시록에 적힌 사도 요한의 글을 살펴보라. "또 내가 새 하늘과 새 땅을 보니 처음 하늘과 처음 땅이 없어졌고 바다도 다시 있지 않더라 또 내가 보매 거룩한 성 새 예루살렘이 하나님께로부터 하늘에서 내려오니 그 예비한 것이 신부가 남편을 위하여 단장한 것 같더라"(계 21:1-2).

예식을 위해 신부가 단장하듯 그날 우리 역시 그리스도의 영광으로, 그 찬란한 광채로 스스로를 꾸미게 될 것이다. 그분의 선하심이 우리를 덮을 것이며 그의 아름다움이 우리의 마음을 강탈할 것이다.

이러한 이유로 계시록의 마지막 장에는 성령께서 다음과 같은 초청의 말씀으로 우리에게 구애하시는 장면이 등장한다. "…오라…듣는 자도 오라 할 것이요 목마른 자도 올 것이요 또 원하는 자는 값없이 생명수를 받으라"(계 22:17 발췌). 우리는 주의 '기쁨의 강'에서 물을 마시도록 초청받았다(시 36:8). 주님은 우리를 자기에게로 이끌기를 원하시며 우리에게 자신의 마음을 보여주기를 갈망하신다. 이전에는 체험하지 못한, 더 깊은 친밀함으로 우리를 부르신다.

그러므로 이제 '결혼'이라는 주제를 향해 마음을 열고 성경을 대할 때마다, 또 성경책의 각 장에 담겨있는 혼례의 차임벨 소리에 귀 기울일 때마다, 시간이 시작되기 전부터 그 벨을 울리신 분이 당신을 선택했다는 것을 기억하기 바란다.

마침 기도
Closing Prayer

아버지, 나를 향한 당신의 부드러운 사랑에 감사드립니다. 이 세상이 조성되기 전, 내 이름을 불러 나를 선택하시고 독생자의 신부로 삼아주시니 감사드립니다. 예수님, 당신이 나의 신랑이라는 사실을 나로 목도하게 하소서. 그래서 당신의 마음속 깊은 곳에 자리한 기쁨을 내가 맛보게 하옵소서. 더욱 친밀하게 당신을 알기 원합니다. 나를 당신 가까이 이끌어주소서. 예수님의 이름으로 기도합니다. 아멘.

제2장

신랑과 신부의 초상(肖像)

Portraits of the Bride and Groom

제2장
신랑과 신부의 초상(肖像)

수년 전, 내 제자 중 두 명의 결혼식을 도와줄 기회가 있었다. 아내와 나는 객석에 앉아 신부가 입장하기만을 기다리고 있었다. 그때 내 마음속에 흔치 않은 생각이 떠올랐다. 모든 내빈의 시선이 신부, 리사(Lisa)의 우아한 등장에 초점 맞춰졌을 때, 나의 눈은 신랑인 마이크(Mike)의 반응에 고정되었다. 웨딩드레스를 입은 아내의 모습을 처음으로 마주하는 신랑의 그 표정 말이다.

그때의 느낌은 뭐랄까. 초현실적인 느낌이라고 할까? 마이크의 두 눈에 서린 열정, 홍조를 띤 그의 두 뺨, 그리고 '툭' 불거진 핏줄이 선명하게 드러나는 목… 내 시야에 들어온 것들은 결혼식장에서 흔히 발견되지 않는 것들이다. 그날 나의 눈은 다른 모든 하객이 축하하고 기념하던 것과 다른 그 무언가를(아니 그 모든 것을 초월한 무언가를) 감지하고 있었다.

이와 동일한 일이 둘째아들 랜스(Lance)의 결혼식에서도 일어났다. 신부 휘트니(Whitney)가 자신에게로 걸어오는 것을 바라보는 아들의 눈에 눈물이 고였다. 랜스의 눈에 고인 눈물이 내 시야에 들어왔을 때, 나는 마이크의 결혼식 때 느꼈던 그 동일한 감동을 맛볼 수 있었다. 큰아들 존(Jon)의 결혼식에서도 양상은 마찬가지였다. 장인의 손에 인도된 다나(Dannah)의 모습을 바라보며 기쁨에 겨워 눈물을 흘리던 아들을 지켜볼 때, 내 마음속에서 동일한 감정이 일어났다. 아주 짧은 순간이었지만 각각의 결혼식에서 나는 신부를 향한 예수님의 불붙는 열정을 마주한 것과 같은 인상을 받았다.

굳이 말하자면-약간 이상하게 들릴지도 모르겠지만-성령님은 이 작은 경험들을 통해 나로 하여금 예수님의 열정(자신의 결혼식 날에 예수님께서 느끼실 강렬한 열정)을 감지하도록 허락하셨던 것 같다. 이러한 경험 이후, 나는 한 차례의 성대한 결혼식을 통해 인류의 역사를 종결지을 '그때'에 대해 자주 생각하게 되었다(계 19:7, 22:17 참조).

그 결혼식은 태초 이후 거행된 그 어떤 혼례와도 같지 않을 것이다. 성부 하나님께서 자신의 아들을 위해 세워놓으셨던 계획의 클라이맥스가 실현될 것이다. 앞 장에서 살펴보았듯이, 시간이 시작되기 훨씬 전부터 하늘 아버지의 마음속에는 예수님의 적절한 신부를 찾으려는 열정이 자리하고 있었다. 그리고 우리가 선택되었다. 하나님께서 우리를 선택하사 그리스도를 위해 예비하셨다. 이제 우리는 그리스도의 소유이자 그에게 영원한 기쁨을 안겨주는 신부가 될 것이다.

이것이 영원 전부터 계획된 하늘 아버지의 궁극적인 뜻이었다. 이 사실을 깨닫는다면, 우리는 하나님께서 사람을 대하시는 태도와 방법에 대해 제대로 이해하게 될 것이다. 아담과 하와의 창조, 이스라엘의 역사, 그리스도의 탄생과 죽음 그리고 부활… 이 모든 사건의 중요성이 한층 강화되어 우리의 마음에 다가올 것이다.

결혼이라는 주제는 실로 성경의 중심에 자리하고 있다. 성경은 하나님과 사람의 거룩한 로맨스를 전달하는 열정적인 러브스토리다. 성경의 각 장에는 영원한 신랑으로서의 예수 그리스도에 대한 일련의 정보(사실)가 담겨있다. 하나님 말씀의 시성(詩性)과 그 말씀이 자아내는 아름다움을 향해 우리의 마음을 열어주고, 우리가 읽은 내용을 깨닫게 하는 것 역시 바로 '결혼'이라는 주제다.

아담과 하와
Adam and Eve

최초의 부부 이야기로 잠시 되돌아가보자. 옛날 옛적 푸르디푸른 하늘 아래, 아담(Adam)과 하와(Eve)가 거룩한 연합을 이루어 아름다운 삶을 공유하고 있었다. 아담의 옆구리를 열어 여자를 만드신 분은 하나님이시다. 또한 최초의 결혼식장에서 이 여자를 아담에게로 인도하신 분 역시 하나님 아버지이시다.

그러나 이미 주지한 대로, 이 중대한 사건의 핵심은 아담과 하와가 아니다. 그들의 연합(결혼)은 수 세기 이후, 훨씬 더 큰 중요성을 지닌 '영원한 사건'을 암시하는 데 목적이 있다. 아담과 하와의 결혼을 통해 우리에게 제시된 예언적인 그림(장래의 일에 대한)은 참으로 감동적이다. 그 그림을 감상하노라면, 우리의 마음은 점점 더 각성되고 깨어 우리를 향한 주님의 영원한 사랑의 실체를 깨닫게 된다.

예를 들어 고린도후서 11장 3절을 보자. "뱀이 그 간계로 하와를 미혹케 한 것같이 너희 마음이 그리스도를 향하는 진실함과 깨끗함에서 떠나 부패할까 두려워하노라." 동산에서 뱀에게 속임을 당한 것은 아담이 아니라 하와였다. "하나님은 최상의 것은 주시지 않고 오히려 감추시는 분이야!"라고 말하면서 사탄은 하나님의 신뢰성에 이의를 제기했다. 사탄은 이렇게 하와를 속였다. 하와는 사탄의 거짓말을 철석같이 믿었고 맹목적으로 그를 신뢰하여 죽음과 파멸을 향한 길 위에 첫발을 내디뎠다. 아담은 그 길이 죽음의 길인 줄 알기에 두 눈이 휘둥그레졌지만, 그럼에도 이 사내는 아내 없는 삶을 상상조차 하기 싫어서 그녀를 따르기로 결심한다.

인류 최초의 부부가 저지른 죄의 결과로 온 인류가 '사탄의 속임'이라는 저주 아래에 놓이게 되었다. 하와처럼 우리 각 사람 역시 죄의 유혹을 받고 넘어졌다. 그러나 예수님, 곧 마지막 아담이신 예수님은 아무런 죄가 없으셨다. 죄가 없었음에도, 휘둥그레진 두 눈의 이 사내, 청년 예수는 죽음의 길 위에 자신의 발을 올려놓았다. 우리를 위해, 아니 자신의 신부 없이 영원토록 지내야 한다는 사실을 견딜 수 없었기에 그는 죽음의 길을 향했다.

하나님께서는 아담을 잠들게 하시고 옆구리에서 '살 중의 살이자 뼈 중의 뼈'인 여자를 만들어내셨다. 창세기의 기록에서 강력한 유비(喩譬)를 발견할 수 있다. 하나님께서 하와를 창조하신 방법은 여타의 피조물을 창조하신 방법과 비교했을 때 사뭇 낯선 점이 없지 않지만, 사실 이것은 그리스도의 신부가 조성되는 방법을 예언적으로 보여준 그림이었다. 하나님께서는 예수님을 잠들게(십자가에서의 죽음) 하신 후, 그의 상처 난 옆구리에서 신부를 창조해내셨다. 우리를 영원한 친밀함과 연합의 성소(聖所)로 끌어올리시기 위해 예수님은 기꺼이 낮은 곳을 찾으셨다. 사람과 같아지셨다.

이삭과 리브가
Isaac and Rebekah

성경은 매우 특별한 연애편지다. 성경 곳곳에 스며 메아리를 울리는 사랑의 언어들을 무시할 사람이 있겠는가? 성경은 항상 동일한 주제를 발하고 있다—"사람들을 향해 불타오르는 사랑, 시기까지 하시는 그 사랑 때문에 태초 이래로 하나님께서는 사람들의 마음을 얻으려고 애쓰신다."

아담과 하와 부부의 이야기처럼 이삭(Isaac)과 리브가(Rebekah) 부부가 겪었던 경험담 역시 그리스도와 그의 신부의 모습을 투영해내는 예언적 초상(肖像)으로서 조금도 손색이 없다. 이삭과 리브가는 참으로 아름다운 초상화가 아닌가? 이 둘의 사랑 이야기는 인간의 열정과 사랑의 밀담(密談)을 담아낸 아름다운 실화다. 물론 표면적으로만 본다면, 아들의 혼사를 위해 참한 신붓감을 찾는 아버지의 마음을 그린 흥미로운 이야기일 뿐일지도 모른다. 하지만 이 이야기는 독생자를 위한 신부, 곧 '그리스도의 백성'을 찾으시려는 하나님의 열정을 강렬하게 예표하고 있다.

"아브라함과 이삭의 관계는 성부와 성자의 관계를 예표하고 있다." 이 진술은 결코 과장이 아니다. 이 둘 사이의 예언적 유사성을 찾고자 한다면, 일단 이삭의 초자연적인 출생부터 생각해보라. 예수님의 탄생은 어떠한가? 게다가 아브라함은 자신의 소중한 아들을 희생 제물로 바치려고 했다(창 21-22장 참조). 예수님의 십자가 사건을 다룬 복음서의 이야기가 떠오르지 않는가?

둘 사이의 유사성은 여기서 끝나지 않는다. 아브라함이 가나안 땅에 기거할 때였다. 그는 그 지방 출신의 여인이 아닌 자기 친족 가운데에서 며느리를 찾고자 했다. 이러한 이유로 가장 나이 많고 충성된 종을 메소포타미아 땅으로 보냈다. 자기의 고향 땅에서 며느릿감을 찾도록 종에게 명령한 것이다(창 24:2-4 참조).

이야기가 전개되는 과정을 보면, 그 종의 임무는 이 땅에서 성령님이 수행하셔야 할 임무와 닮아있음을 알 수 있다. 종이 받은 임무는 아브라함(이삭의 아버지)이 보낸 선물을 장차 이삭의 아내가 될 여인에게 전하며 결혼을 종용하는 것이었다. 이 임무를 위해 종은 아주 길고 험난한 여정을 거쳐 메소포타미아 지역, '나홀'의 성에 도착했다.

아브라함의 종이 젊고 아리따운 여인과 마주친 것은 그 성의 외곽에서였다. 그 여인은 물을 긷기 위해 성 근처의 우물로 나왔다. 흥미롭게도 종이 리브가와 만났던 것은 그가 하나님께 "아브라함의 하나님이여, 이삭의 신부가 될 여인을 내게 보이소서"라고 기도한 직후였다. 게다가 그는 하나님께 특별한 징표도 구하였다. 그래야 실수 없이 이삭의 신부 될 여인을 만날 수 있기 때문이었다. 그가 하나님께 구한 징표는 여인이 자기에게는 물론, 낙타에게도 마실 물을 건네주어야 한다는 것이었다.

창세기 24장 17-20절에 의하면, 아브라함의 종이 리브가에게 물을 달라고 요청했을 때 그녀는 그에게 마실 물을 주었을 뿐만 아니라 낙타에게도 물을 주었다. 그 순간 종은 자신의 눈앞에서 일어난 일에 대해 놀라움을 금치 못했다. 그는 하나님께서 자신의 여정에 복을 내리사 이삭의 아내 될 여인을 '순적히' 만나게 하셨음에 크게 기뻐하였다.

곧이어 종은 그녀의 집안 내력을 물었고 또 그녀의 집에서 하룻밤을 묵을 수 있는지도 물었다. 리브가는 종을 앞서 길을 안내했고, 얼마 안 있어 그 종은 리브가의 집에 도착하여 그녀의 가족들을 만났다. 그는 자신이 누구인지 또 자신의 임무가 무엇인지 그들에게 이야기했다.

자신의 임무를 말한 후, 그 주인 아브라함이 얼마나 선한 사람인지 또 얼마나 유력한 사람인지도 언급했다(창 24:35 참조). 그는 이삭을 향한 아브라함의 특별한 사랑은 물론, 왜 친척 가운데서 며느리를 찾아야 하는지, 그 일의 중요성도 이야기했다. 이후 종은 그녀의 아버지와 오라비에게 "따님이 나와 함께 내 주인 아브라함의 집으로 가서 이삭의 아내가 되길 원합니다"라고 말했다.

종이 이삭과 그 아비 아브라함의 선함에 대해 상세히 이야기할 때, 무언가가 리브가의 마음을 움직였을 것이다. 나는 그렇게 상상할 수밖에 없다. 왜냐하면 종의 이야기만 듣고도 리브가는 곧장 그를 따라 아브라함의 집에 가서 이삭과 대면하기를 원했기 때문이다.

리브가는 종을 따라가기로 결심했다. 이제 가족과 작별할 시간이 다가왔다. 그녀의 모친과 오라비는 리브가와의 작별이 못내 아쉬워 아브라함의 종에게 열흘 정도 더 머물 것을 간청했다. 하지만 종은 곧바로 돌아가야 한다고 대답했다. 그러자 그들은 "그럼, 먼저 리브가에게 물어봅시다" 하며 리브가를 불러 "얘야. 지금 이 사람과 함께 가기를 원하느냐?"라고 물었다. 그러자 리브가가 대답했다. "네. 함께 가겠어요"(창 24:57-58 참조).

전날 종에게서 전해들은 이야기가 리브가의 마음을 강하게 움직였기에 그녀는 자신의 가족은 물론 친숙했던 모든 것을 향해 결별을 고할 수 있었다. 그녀는 장차 자신의 남편이 될 한 남자와의 만남을 기대하며 종을 따라 나섰다. 이 둘은 아브라함의 집을 향해 먼 길을 여행했다. 아브라함의 종은 리브가의 가이드로서 또 친구로서 이 긴 여정에 동행했다. 그녀의 관심과 마음이 아름다운 사내, 이삭에게 고정될 수 있도록 용기를 북돋아주었다. 리브가가 중도에 포기하지 않고 이 여정을 완수할 수 있도록 힘을 북돋은 것 역시 그의 임무였다.

아브라함의 집에 도착할 즈음이었다. 경내를 거니는 한 사내의 모습이 리브가의 시야에 들어왔다. 여정 내내 종의 이야기를 들었던 터라 리브가는 한눈에 그가 이삭임을 알아챌 수 있었다. 그녀가 낙타에서 내렸다. 종은 그녀를 이삭에게 소개시켜주었다. 이삭은 그녀의 아리따운 자태에 넋을 잃고 말았다. 아버지가 자기를 위해 예비해주신 신부가 바로 이 아름다운 여인이라는 사실에 이삭은 한없이 기뻤다. 그는 리브가를 어머니의 장막으로 데리고 들어갔다. 그리고 마침내 리브가는 이삭의 아내가 되었다(창 24:67 참조).

꽤나 매혹적이지만, 여전히 미스터리한 이야기다. 그러나 이 이야기 속에 담긴 영적인 의미를 생각하면 가슴이 뜨거워질 것이다. 한 번 생각해보라. 아들의 아내감을 구하는 일을 위해 먼 타국으로 종을 보내는 아브라함은, 독생자 예수님의 신부 될 백성을 불러 모으기 위해 성령을 보내시는 성부 하나님의 모습과 닮았다.

성령께서는 아버지(성부)가 보내신 선물(은사)을 우리에게 전하시며 결혼할 것을 종용하신다. 그리고 우리의 마음을 일깨워 아버지의 선하심을 깨닫게 하신다. 성령께서 성자 예수님의 아름다움을 계시해주실 때, 예수님을 향한 우리의 사랑은 걷잡을 수 없이 깊어만 간다.

이에 우리는 성령을 따라 긴 여정에 오르기로 결심한다. 그 여정을 갈망하게 된다. 타락한 광야 같은 이 세상을 지나, 한 번도 밟아보지 못한 그곳을 향해, 한 번도 만나본 적 없는 그 누군가와의 결혼을 위해, 우리는 성령을 따라 나선다. 상상해보라. 신랑의 얼굴을 마주할 때가 다가오고 있다. 그의 신부로서 우리가 신랑 되신 주님과 연합할 날이 점점 가까워지고 있다. 눈부시게 아름다운 모습으로 변화된 우리를 그가 맞아주실 것이다. 신부를 만난 그의 마음은 영원한 기쁨으로 가득할 것이다!

보아스와 룻
Boaz and Ruth

신부를 향한 그리스도의 영원한 로맨스를 가장 명쾌하게 설명해주는 예화 중 하나는 룻기다. 보아스(Boaz)와 룻(Ruth)의 이야기는 이방인들을 안으시고 그들을 예수님의 신부로 선택하시는 하늘 아버지의 아름다운 사랑을 묘사한 예언적 그림이다. 모압 여인 룻은 나오미(Naomi)의 며느리다. 나오미는 극심한 기근 때문에 남편과 두 아들을 데리고 고향 이스라엘 베들레헴을 떠나 모압으로 이주했다. 네 식구는 모압 땅에 정착했고 그녀의 두 아들은 각각 모압 땅 출신의 여인에게 장가들었다.

룻기에 의하면, 나오미의 남편은 갑작스러운 죽음을 당한다. 남편의 사후 두 아들 역시 병들어 운명한다(룻 1:3-5 참조). 이제 이방인의 땅에 나오미와 두 자부만 남게 된다. 어느 날 나오미는 고향땅에 기근이 끝났다는 소식을 들었다. 그녀는 자신을 돌보아줄 친족을 찾기 위해 귀향하기로 결심한다. 두 명의 며느리 가운데 한 명, 오르바(Orpah)는 모압 땅에 남기로 했지만, 또 다른 며느리 룻은 나오미의 귀향길에 동참하기로 했다.

나오미와 룻은 긴 여정 끝에 이스라엘 땅에 도달했다. 수중엔 아무것도 없었다. 생계를 위해 나오미는 룻을 타작마당으로 내보낼 수밖에 없는 형편이었다. 룻은 밭으로 나가 일꾼들이 추수하고 남긴 이삭을 주워야만 했다. 그 당시 율법에 따라 사람들은 추수할 때 곡식 낟알을 남겨두거나 땅에 떨어진 것을 줍지 않고 그대로 두었다. 이는 가난한 사람들을 배려하시는 하나님의 명령이었다(신 24:21-22 참조).

룻이 타작마당에서 이삭을 줍고 있던 어느 날, 그 밭의 주인인 보아스가 그녀를 눈여겨보고 있었다. 어떤 젊은 여성이 시어머니를 부양하고자 열심히 일한다는 내용의 보고를 들었던 터였다. 보아스는 룻에게 자신을 소개하며, 그녀를 축복하고 또 보호해줄 것을 약속했다. 룻의 삶 가운데에 보아스가 '아버지'의 역할을 했던 것은 이때부터였다.

보아스가 룻을 부를 때 사용했던 칭호와 그녀에게 베푼 은혜를 살펴보라. "내 딸아 들으라 이삭을 주우러 다른 밭으로 가지 말며 여기서 떠나지 말고 나의 소녀들과 함께 있으라 그들의 베는 밭을 보고 그들을 따르라 내가 그 소년들에게 명하여 너를 건드리지 말라 하였느니라 목이 마르거든 그릇에 가서 소년들의 길어온 것을 마실지니라"(룻 2:8-9).

또한 보아스는 룻이 전보다 훨씬 더 많은 양의 곡식 낟알을 주울 수 있도록 배려했다. 그날 저녁 늦게 룻은 집으로 돌아와 보아스에 관한 모든 것, 그가 했던 말과 그가 취한 조치, 그리고 그가 약속해준 것 모두를 시어머니에게 이야기했다. 룻의 이야기를 들으면서 나오미는 보아스가 자신의 친족이라는 사실을 기억해냈다. 율법에 의하면 보아스는 '친족의 기업을 무를' 권리를 갖고 있었다. 시어머니와 며느리 모두 남편을 잃은 상태였으므로 보아스는 이 권리를 통해 나오미와 룻을 자신의 가족으로 편입시킬 수 있었다.

이러한 사실을 알았던 나오미는 나름의 계획을 세웠다. 그리고 룻에게 말하기를 "네가 함께 하던 시녀들을 둔 보아스는 우리의 친족이 아니냐 그가 오늘 밤에 타작마당에서 보리를 까불리라 그런즉 너는 목욕하고 기름을 바르고 의복을 입고 타작마당에 내려가서 그 사람이 먹고 마시기를 다 하기까지는 그에게 보이지 말고 그가 누울 때에 너는 그 눕는 곳을 알았다가 들어가서 그 발치 이불을 들고 거기 누우라 그가 너의 할 일을 네게 고하리라"(룻 3:2-4).

룻은 시어머니의 명령대로 순종했다. 보아스는 한밤중에 잠에서 깨었다. 그때 룻이 자기의 발치에 누운 것을 발견했다. 그가 놀란 마음을 다스리고 있을 때, 룻은 그에게 "당신은 우리의 기업을 무를 자입니다"라고 말했다.

이미 나오미의 처지와 친족을 보살펴야 하는 자신의 의무에 대해 온전히 이해하고 있었지만, 그날 밤 룻과의 갑작스러운 만남을 통해 보아스의 마음에는 이들을 구제하고픈 갈망이 더욱 강렬해졌다. 하지만 그는 자신보다 더 가까운 촌수의 친척이 마을 근처에 살고 있다는 사실을 알고 있었기에 먼저 그 사람에게 나오미와 룻을 돌볼 기회를 주어야 했다. 그러나 그 사람은 이들을 돌보기가 버거워 기업 무를 권한을 포기했다. 결국 나오미와 룻을 보호할 권한과 책임은 보아스의 손에 넘어오게 되었다.

보아스는 룻과 결혼했다. 하나님께서는 이들의 삶에 복을 주시고 또 아들도 허락하셨는데 그 이름은 오벳(Obed)이었다. 오벳은 이스라엘의 두 번째 왕, 다윗의 조부로서 그는 결국 영원한 왕국의 주인이신 메시아의 조상으로 자리매김했다.

이 이야기에서 내게 깊은 감동을 주는 몇몇 요소가 있다. 먼저 보아스는 룻에게 '아버지'의 모습으로 다가간다. 그의 보호는 타지에서 젊은 과부로 살아가야 하는 룻에게 큰 위안과 안정을 가져다주었다. 그녀가 보아스의 보살핌과 사랑에 자신을 더 많이 내어맡길 때, 아버지와 딸이라는 이 둘의 관계적 측면이 더욱 부각되었다.

그러나 시간이 지남에 따라 보아스의 마음에는 룻의 아버지로 남겠다는 열정, 그 이상의 심리가 자리하게 된다. 보아스는 그녀의 아름다움과 인간적 됨됨이에 마음을 잃고 만다. 룻이 그의 발치에 누웠던, 그 의미심장한 사건의 밤, 그녀의 몸에서 풍기는 향기가 그를 매료시켰다. 순간 보아스는 그녀의 보호자로 남는 것이 싫었다. 그 이상이 되고 싶었다! 남편이 아내를 알 듯, 순수한 열정으로, 보아스는 룻을 알고 싶었다. 이러한 이유로 그는 자신을 위해 그녀를 구원했고, 그녀를 자신의 신부로 삼았다.

하나님은 자신을 아버지로, 또 신랑으로 우리에게 계시하셨기에 보아스의 삶은 우리를 향한 하나님의 사랑을 유비로 보여준 놀라운 예(例)라고 할 수 있다. 먼저 하나님은 아버지로서 우리를 사랑하신다. 그 사랑을 통해 '하나님의 자녀'라는 정체성을 우리 영혼의 깊은 곳에 확고히 심어주신다. 우리에게 필요한 사랑과 보호를 제공하시는 하나님의 최초 사랑이 바로 '아버지의 사랑'이다.

이후 하나님께서는 우리의 신랑으로서 자신을 계시하신다. 우리를 향한 하나님의 가장 깊은 사랑을 이해하게 될 때 비로소 우리의 영혼 가운데에 거룩한 열정이 용솟음치는 것을 체험할 수 있다. 이 거룩한 열정을 불러일으키시고자 하나님은 신랑의 모습으로 우리에게 다가오신다.

우리의 삶이 풍겨내는 향기에 하나님의 마음이 녹아내린다는 사실을 생각해보라-우리의 지각으로는 도무지 이해할 수 없는 일이다. 그러나 하나님이 우리의 신랑이라는 사실을 알게 될 때, 우리의 마음 역시 녹아내릴 것이다. 그분을 향한 꺼지지 않는 사랑, 불타는 열정을 창조해내는 것 역시, 바로 이 계시-하나님이 우리의 신랑이라는 사실-다.

솔로몬의 아가
The Song of Solomon

아가서에 등장하는 시적 상징을 살펴보지 않고서는 '결혼'이라는 주제를 완전히 습득했다고 말할 수 없다. '결혼'이라는 관점으로 '하나님 나라'의 개념을 이해하고자 한다면, 도움이 될 만한 예화들이 성경 도처에서 발견됨을 알 수 있다. 그러나 '솔로몬의 아가'로 불리는 이 시가서 속의 아름다운 사랑 이야기, 그 속에 담긴 멋과 비유와 상징만큼 우리의 이해에 도움이 되는 내용은 찾기 어려울 것이다.

이 깊은 로맨스는 젊고 아리따운 술람미(Shulammite) 여인을 향한 솔로몬(Solomon) 왕의 연정을 담고 있다. 이 점에는 논란의 여지가 없다. 하지만 수 세기 동안 유대교의 랍비들은 이스라엘을 향한 하나님의 무궁한 사랑을 나타내는 전대미문의 시가문학으로서 솔로몬의 아가를 이해해 왔다. 그리고 오랫동안 성서학자들은 신부, 즉 교회를 향한 그리스도의 사랑을 예언적으로 훌륭하게 묘사한 문서로서 이 시가서를 이해해왔다.

물론 이 지면을 통해 아가서에 담긴 풍성한 비유를 낱낱이 파헤쳐 설명하는 것은 불가능하다. 하지만 성령께서 우리에게 이 놀라운 책을 선물로 주셨다는 사실만큼은 이해해야 한다. 우리를 향한 주님의 순수하고 열정적인 사랑을 알려주고자 성령님이 우리에게 아가서를 선사하신 것이다.[1]

성령께서 성자 예수님, 곧 아들의 놀라운 성품을 계시하고자 선택하신 책이 바로 이 여덟 장 분량의 아가서다. 책에는 성자 예수님으로부터 사랑을 받을 때 느낄 수 있는 즐거움이 기록되어있다. 이러한 사실이 신선한 충격으로 다가와 우리의 마음을 사로잡는다. 이에 우리 마음속에서는 그분을 향한 깊은 열정이 용솟음친다.

사랑을 깨달은 사람의 마음에 열정이 피어오르는 양태는 젊은 술람미 여인의 삶에서 잘 나타난다. 왕이 자신을 연모한다는 사실을 깨달은 후, 그녀는 큰 소리로 이렇게 외칠 수밖에 없었다. "그가 내게 입 맞추기를 원하노니 그의 입술로 나를 어루만지게 하라 이는 그의 사랑이 포도주보다 나음이로다"(아 1:2 참조). 그녀가 원했던 입맞춤은 친구나 가족이 뺨에 입을 맞추는 '인사' 정도의 키스가 아니었다. 이 여인은 솔로몬과의 더욱 깊은 친밀함을 가슴 깊이 소망했다. 최고급 와인이 안겨줄 수 있는 즐거움보다 더 큰 사랑과 기쁨이 왕과의 친밀함으로부터 나온다는 것을 깨달은 것이다.

술람미 여인과 솔로몬 왕과의 만남은 장차 우리 각 사람이 경험하게 될 일의 전조다. 왕 되신 주님을 만날 때 우리의 마음은 먼저 그의 아름다움에, 그리고 우리를 향한 그의 광대한 사랑과 뜨거운 열정에 녹아내릴 것이다. 지금도 성령께서는 우리의 마음속에 예수님과의 친밀함을 향한 '배고픔'과 '깊은 갈망'을 불러일으키기를 원하신다. 그는 우리가 '왕의 입맞춤'을 경험하고 힘을 얻어 전보다 더 큰 사랑으로 예수님을 사랑하게 되길 원하신다.

그런데 여기서 잠시, '그의 입술의 키스'는 무엇을 뜻하는가? 이 문구는 시적 상징을 내포하는데 그 실체는 다름 아닌 '성경 말씀'이다. 우리를 사랑하시는 하나님께서는 말씀으로 그 사랑을 확증하신다. 말씀을 통해 하나님의 온화한 사랑을 깨달을 때, 상처 입은 감정은 치유되고 생명은 소성케 된다. 이에 우리의 마음은 다른 어떤 종류와도 같지 않은 이 입맞춤을 고대하게 된다. 우리의 삶 속에서 참된 즐거움을 안겨줄 수 있는 무언가가 있다면 바로 이 입맞춤이리라!

왕의 입맞춤 외에 아가서에서 발견되는 또 다른 중요한 요소 한 가지가 있다면, 우리의 마음이 상하고 또 연약한 모습들이 드러나더라도, 하나님께서는 우리를 보시며 기뻐하신다는 것이다. 많은 사람이 생각하는 것과 달리 하나님은 차갑거나 엄하거나, 혹은 "이것 해라 저것 해라" 닦달하시는 분이 아니다. 그와 정반대다. 우리를 대하시는 하나님의 태도에는 변함이 없다. 당신이 아무리 오랫동안 하나님과 동행했다고 하더라도 하나님은 당신과의 만남을 싫증내지 않으신다. 아가서 4장 9절의 말씀에 의하면, 하나님은 우리에게 반하셨다! 자신의 영광을 위해 창조한 우리의 모습을 볼 때, 또 장차 우리의 변화될 모습(신부)을 그릴 때, 하나님의 마음에 한없는 기쁨이 벅차오른다.

하나님의 사랑은 단지 우리의 허물을 참아주시는 것에서 멈추지 않는다. 몇몇 영역에서 아직 성숙하지 못한 모습을 보일 때에도 하나님은 우리 때문에 한없이 기뻐하신다. 언젠가 우리의 삶 전체를 정산(精算)하실 날, 하나님께서는 우리가 이뤄놓은 업적을 보고 평가하지 않으신다. 우리를 향한 그의 큰 사랑, 측량할 수 없는 그 사랑을 기반으로 하여 우리의 삶을 평가하실 것이다. 결국 기대치에 못 미치는 삶을 살았더라도, 기대했던 인물이 되지 못했더라도 주님은 우리가 현재의 삶을 끝까지 살아내기를 기대하시며 우리로 인해 기뻐하실 것이다.

하나님은 우리의 실패를 비난하지 않으시고, 우리의 성숙하지 못한 모습에 책망을 가하시지 않는다. 그와는 반대로 우리가 계속해서 자라나고 성숙할 수 있도록 자신의 사랑을 입증해주시며 우리의 내면에 자신감을 채워주신다.

아가서 4장 7절은 이 사실을 선명하게 재확인시켜주고 있다. 그 구절을 보면 술람미 여인에게 왕은 이렇게 말한다. "나의 사랑 너는 순전히 어여뻐서 아무 흠이 없구나." 비록 신랑을 향한 신부의 사랑은 아직 온전한 단계에 이르지 않았지만, 신랑은 자신을 향한 그녀의 사랑이 마치 '온전히 성숙한' 사랑인 양 기뻐하고 있다.

    왕이 현재의 사랑에 눈먼 것인가? 물론 아니다! 왕은 술람미 여인의 사랑이 장차 도달하게 될 종착점에 대해 말하고 있다. 즉 왕의 발은 그녀의 사랑이 출발한 곳에 가있지만, 그의 눈은 이미 종착점을 향하고 있었다. 여인을 향한 자신의 사랑이 언젠가 그녀의 삶을 온전히 변화시키고, 그 변화 가운데에서 맺힐 열매들을 기대한 것이다.

    너무나 많은 사람이 과거의 실수에 얽매어 살고 있다. 우리는 너무도 '착실하게' 자신의 결점과 단점에 자신을 내어주며 살아간다. 심지어 어떤 사람들은 하나님께서 자신을 대적하시고 비난하시고 저주하신다고 말하기까지 한다. 그들은 사탄의 일과 속성을 하나님의 역사와 성품으로 착각해온 것이다. 사탄이야말로 형제를 참소하고 비난하는 자다. 우리를 저주하는 자는 바로 사탄이다.

    신랑 되신 예수님은 우리의 가장 좋은 친구다. 항상 우리를 향한 자신의 사랑을 확인시켜주시고, 과거가 아닌 미래를 향해 눈을 들도록 격려해주시는 분이다. 우리 마음의 진실을 보시며 그것을 기반으로 우리를 대하신다. 비난하거나 저주하지 않으시며 언제나 우리를 향해 사랑의 말씀을 전하시는 분이다. 우리가 도달할 '미래의 종착역'으로 우리를 부르신다. 마음속 깊이 우리는 항상 이러한 사랑을 갈망해왔다.

    지금 우리는 솔로몬 왕과 술람미 여인이 나누었던 그 뜨겁고 열정적인 사랑을 바라본다. 그러나 아무리 뜨거운 사랑이라 하더라도, 이것은 미래의 신부를 향한 주님의 마음을 희미하게 비춰주는 거울일 뿐이다. 우리는 이 사실을 깨달아야 한다.

지금까지 성경의 결혼 주제를 강조해준 놀라운 몇몇 이야기를 살펴보았다. 개인적으로 Q.T. 시간이 있다면, 위에 소개된 말씀들을 읽고 묵상하기를 권한다. 성령께서는 당신이 이 놀라운 진리를 가슴에 새길 수 있도록 당신의 마음과 생각을 더 크게 열기를 원하신다. 또 이 말씀에서 발견된 아름다움을 통해 당신의 삶이 변화되기를 원하신다. 나는 그렇게 믿는다.

마침 기도
Closing Prayer

하나님 아버지, 당신의 아들을 우리에게 주심에 감사드립니다. 예수님, 당신의 아름다움 속으로 우리를 더 깊이, 계속해서, 이끌어주옵소서. 당신을 나의 신랑으로 알기 원합니다. 주님을 향한 나의 열정이 흔들리지 않기를 기도합니다. 나를 당신의 심장 속으로 데려가 주옵소서. 예수님의 이름으로 기도합니다. 아멘.

주)

1. 아가서를 온전히 공부하기 원한다면 S. J. Hill의 웹사이트 www.sjhill.com을 방문하기 바란다.

제3장

신부의 아버지

The Father of the Bride

제3장
신부의 아버지

아담과 하와의 로맨스는 하늘이 맺어준 사랑의 연합이다. 그들은 실로 '천생연분'이었다. 원래 이 부부는 서로 사랑의 언약을 실천하면서 행복하게 영원히 살게 될 운명이었다. 하지만 달콤했던 밀월 기간이 끝난 직후 불미스러운 사건이 터지고 말았다. 신부의 마음이 신랑 아담으로부터 떠나 다른 누군가에게 미혹되었다. 완벽한 '러브스토리'로 시작되었던 이 부부의 삶은 역사상 가장 큰 비극으로 기억될 대참사를 향해 전개되었다.

하지만 이 비극은 하와의 문제로만 끝나지 않았다. 거의 비슷한 수준의 참담한 사건이 아담에게도 벌어지고 만 것이다. 뱀이 하와에게 다가가 구미에 맞는, 교묘한 제안을 던졌을 때를 생각해보라. 이것은 사실 아담의 영웅성이 발휘될 무대가 마련된 것과 같았다. 그는 곧장 현장으로 달려가 뱀의 머리를 밟아 뭉개고 사탄의 계교를 종식시킴으로써 아내를 지켜야 했다. 그랬어야만 했다. 어쩌면 당신은 그렇게 기대했는지도 모른다. 하지만 눈앞에 펼쳐진 사건의 끔찍함에 압도당한 아담은 결국 심적 부담을 이기지 못했다. 당신이 보게 될 것은 영웅이 아닌, 다만 풀 죽은 모습의 한 사내일 뿐이다.

아내가 뱀에게 유혹당할 때, 아담은 어디서 무엇을 하고 있었는가? 이 점이 궁금하지 않은가? 하와가 '영적 자살'을 시도하려고 했을 때, 놀랍게도 아담은 그녀 곁에 서있었다. 아무런 조치를 취하지 않은 채, 그저 그녀의 과오를 지켜보고만 있었다. "여자가 그 나무를 본즉 먹음직도 하고 보암직도 하고 지혜롭게 할 만큼 탐스럽기도 한 나무인지라 여자가 그 실과를 따 먹고 자기와 함께한 남편에게도 주매 그도 먹은지라"(창 3:6).

이제 아담이 어디에 있었는지 알겠는가? "여자가 그 실과를 따 먹고 자기와 함께한 남편에게도 주매 그도 먹은지라." 어쩌면 본성적으로 공격 성향을 지녔을 아담(남성)이었겠지만, 정작 아내를 보호해야 할 때 그는 멍하니 서있기만 했다. 아내가 위험에 처한 것을 본 남편이라면 피가 들끓을 그 상황에서 아내를 보호하는 것이 정상일 텐데 아담은 그저 아내의 곁에 서있을 뿐이었다. 하나님이 주신 아내를 지키기 위해 싸우지 않았다.

이로써 아담은 가장 사랑해야 할 두 대상(하나님과 아내)에게 등을 돌리게 되었다. 그가 등을 돌린 이 사건으로 인해 인류의 역사가 격변의 길로 접어들었다. 한때 이 부부는 모든 사랑의 근원이신 하나님으로부터 사랑을 받아 누리며 살았다. 이 우주에서 가장 아름답고 가장 멋있고 또 가장 매혹적인 생명의 근원, 열정의 근원이신 그분과 함께 온전한 교제를 나누며 행복한 삶을 영위하였던 것이다.

하지만 그 짧은 순간, 아담과 하와는 자신들을 창조하신 하나님으로부터 분리되었다. 주님과의 교제에서 누렸던 순수한 기쁨과 친밀함은 이제 사라지고 없다. 낙원은 '잃어버린 도시', 즉 실낙원이 되었다.

그러나 원수에게 마음을 주고 하나님을 등졌던 이들을 향해 끝까지 자신의 사랑을 멈추지 않으시는 한 분이 계셨다. '또 다른 아담'은 이 땅을 침노하여 자신의 사랑을 되찾기 위해 싸우실 것이다. 인류의 가장 큰 적, '유혹의 왕, 거짓의 아비'를 철저히 짓밟으실 것이다. 그뿐만 아니라 태초 이전에 성부로부터 받았던 그 약속을 지키실 것이다. 성부께서 자기에게 주신 여인-그 신부를 끝까지 사랑하실 것이다.

인류 역사의 클라이맥스로 자리매김할 미래의 이 사건은 창세기 3장 15절에 암시되어있다. 하나님께서 뱀에게 말씀하셨다. "내가 너로 여자와 원수가 되게 하고 너의 후손도 여자의 후손과 원수가 되게 하리니 여자의 후손은 네 머리를 상하게 할 것이요 너는 그의 발꿈치를 상하게 할 것이니라"(창 3:15).

여기서 '여자의 후손'(her Seed)이라는 표현에 주목하기 바란다. 그리고 '후손'(Seed, 씨앗)이라는 말에 해당하는 단어가 대문자로 표기되었음에 주목하라(대문자로 표기할 경우 일반적인 후손이 아니라 특정한 후손을 지칭한다-역자 주). 사실 여성에게는 씨앗이 없다.

그러므로 문맥상 이 구문이 의미하는 바는 그가 여타의 후손과 다른 특별한 후손, 곧 '그리스도'라는 것이다. 15절은 예수님이 십자가에서 죽으심으로 '신부의 값'을 온전히 지불하신다는 내용을 예언적으로 조명해주고 있다.

아담과 하와의 배신에도 삼위 하나님은 전혀 당황하지 않으셨다. 창세 이전부터 하나님은 자신의 아들이 사람이 되어 인생의 무대를 지나, 신부가 될 여인(교회)에게 구애하며, 그녀의 손을 붙잡아 왕비로 삼을 것을 예정해두셨다. 이것이 창세 전부터 그분이 예비해두신 계획이다.

그런데 이 모든 일은 어떻게 이뤄질 것인가? 우리는 이 일을 어떻게 경험하게 될 것인가? 갈라디아서 3장에 힌트가 주어졌다. 8절 마지막 부분을 보면 이 세상 모든 열방이 한 남자를 통해 복을 받게 된다는 기록이 나온다. 그 남자의 이름은 '아브라함' 이다. 그리고 같은 장 16절을 보면 "이 약속들은 아브라함과 그 자손에게 말씀하신 것인데 여럿을 가리켜 그 자손들(seeds)이라 하지 아니하시고 오직 하나를 가리켜 네 자손 (Seed)이라 하셨으니 곧 그리스도라"(갈 3:16).

처음엔 이 구절에 사용된 단어들이 그다지 큰 의미로 다가오진 않을 것이다. 하지만 여기에 기술된 사건들은 인류 역사 전개의 향방에 전적인 변화를 가져다준 사건들이다. 노아(Noah)의 홍수가 끝난 지 대략 오백 년 후, 하나님께서는 '아브람'(Abram)이라는 한 남자를 부르셨다(이후 그의 이름은 '아브라함'[Abraham]으로 변경된다). 그리고 그와 사랑의 언약을 맺으셨다. 하나님께서는 그에게 본토 친척 아비 집을 떠나, 지시할 땅으로 갈 것을 명령하셨다. 그에게 복 주시며 그를 통해 큰 민족, 큰 나라를 이루겠다고 약속하셨다. 게다가 이 세상 모든 민족과 나라가 아브람을 통해 복 받을 것도 말씀해주셨다(창 12:1-7 참조).

이후 하나님은 아브람을 가나안이라는 땅으로 인도하셨다. 그리고 그가 이해할 수 있는 방도(方道) 안에서 그를 찾아가 만나주셨다-그 방법이란 '피'를 매개로 한 언약이었다. 하나님은 아브람과 피의 언약을 맺으셨다. 당시 근동 지역 사람들에게 피를 매개로 한 언약 체결은 흔한 일이었기 때문에 아브람은 하나님과 맺은 이 언약이 얼마나 중요한지, 어느 정도는 이해할 수 있었다.

언약의 의미
The Meaning of Covenant

언약 체결의 전말은 창세기 15장에 자세히 묘사되어있다.

이후에 여호와의 말씀이 이상 중에 아브람에게 임하여 가라사대 아브람아 두려워 말라 나는 너의 방패요 너의 지극히 큰 상급이니라…여호와께서 그에게 이르시되 나를 위하여 삼 년 된 암소와 삼 년 된 암염소와 삼 년 된 수양과 산비둘기와 집비둘기 새끼를 취할지니라 아브람이 그 모든 것을 취하여 그 중간을 쪼개고 그 쪼갠 것을 마주 대하여 놓고 그 새는 쪼개지 아니하였으며 솔개가 그 사체 위에 내릴 때에는 아브람이 쫓았더라 해 질 때에 아브람이 깊이 잠든 중에 캄캄함이 임하므로 심히 두려워하더니 여호와께서 아브람에게 이르시되 너는 정녕히 알라 네 자손이 이방에서 객이 되어 그들을 섬기겠고 그들은 사백 년 동안 네 자손을 괴롭게 하리니 그 섬기는 나라를 내가 징치할지며 그 후에 네 자손이 큰 재물을 이끌고 나오리라 너는 장수하다가 평안히 조상에게로 돌아가 장사될 것이요 네 자손은 사대 만에 이 땅으로 돌아오리니 이는 아모리 족속의 죄악이 아직 관영치 아니함이니라 하시더니 해가 져서 어둘 때에 연기 나는 풀무가 보이며 타는 횃불이 쪼갠 고기 사이로 지나더라 그 날에 여호와께서 아브람으로 더불어 언약을 세워 가라사대 내가 이 땅을 애굽 강에서부터 그 큰 강 유브라데까지 네 자손에게 주노니(창 15:1, 9-18)

언약 체결 과정 중 하나님께서 아브람에게 주신 첫 번째 약속은 "나는 너의 방패요 너의 지극히 큰 상급이니라"이다. 이 사실을 기억하는 것이 매우 중요하다. 위에 기록된 한마디 말씀의 선언으로, 하나님께서는 자신을 아브람에게 온전히 내어주셨다. 본질적으로 위의 말씀을 해석해본다면 "나는 항상 너와 함께 있을 것이다. 너를 위하며, 너를 보호하기 위해 싸우리라. 네가 치를 전쟁은 모두 나의 전쟁이 될 것이다. 내 전 존재를 네게 주노라. 언제든 또 어떠한 일에든 네가 나를 필요로 할 때, 나는 네게 도움이 되어줄 것이다"라고 말씀하신 것과 같다.

이 얼마나 놀라운 약속인가! 단지 듣는 것만으로도 기쁘지 아니한가? 아니 너무 듣기 좋은 말이어서 거짓말처럼 들릴 정도다! 하나님께서 이 한 남자, 아브람에게 '모든 것'이 되어주겠다고 약속하시다니, 우리의 지각으로는 도저히 이해할 수 없는 일이다. 마치 우리의 생각이 닿을 수 있는 한계, 그 너머에 계시던 하나님께서 아주 먼 길을 지나 우리의 생각 속으로 들어오신 것과 같다. 하지만 이 언약의 본질을 이해한다면, 하나님께서 아브람에게 자신을 계시하고자 선택하셨던 이 방법이 그다지 놀랍지 않을 것이다.

일반적으로 '언약'이란 두 당사자(갑과 을)가 맺는 '구속력 있는' 조약 혹은 협의를 뜻한다. 그러나 하나님께서 아브람과 맺으신 언약은 단순한 계약 차원으로 이해될 성질이 아니다. 히브리어(구약을 기록한 언어)에서 '언약'에 해당하는 말을 문자적으로 해석해본다면 '자르다'(cut), '여러 조각으로 가르다'(cut)라는 뜻임을 알 수 있다. 신약을 기록한 헬라어에서도 양상은 비슷하다. 언약에 해당하는 단어의 원 의미는 '자르다'

(cut)이다(히브리어로 언약은 '베리트', 헬라어로는 '디아데케'인데 이 둘 모두 '자르다'라는 뜻을 내포하고 있다. 영어에서 '자르다'에 해당하는 동사 cut에는 '계약을 체결하다'라는 뜻이 담겨있다-역자 주). 그러므로 성경이 말하는 언약이란 두 당사자 사이에 맺은 조약이다. 여기에 언약의 보증 차원에서 피의 인침(seal)이 동반된다(아브람 당시에는 계약을 체결할 때, 쌍방의 계약 이행을 보증하기 위해 당사자들이 짐승을 두 조각으로 쪼개어[cut] 벌려놓은 뒤 피가 흥건한 그 사이를 지나가곤 했다. 이는 "만일 내가 계약대로 이행하지 않으면 여기 이 피 흘리는 짐승처럼 나 역시 죽음을 맞이할 것이다"라는 맹세를 상징하는 행동이었다-역자 주).

피의 언약은 가장 오랫동안 지속된, 또 사람들 사이에서 가장 많이 사용된 계약 체결 방법이었다. 또한 두 당사자 사이의 가장 신성하고 가장 경건한 조약 체결 방법이기도 했다. 피의 언약은 당사자들을 구속한다는 점에서 일상적인 약속과는 차원이 다르다. 만일 어떤 누군가가 또 다른 누군가와 '피의 언약'을 체결한다고 하자. 그렇다면 언약 체결자는 자신의 생명, 자신의 사랑과 열정, 자신의 모든 소유를 상대방에게 헌정하겠다는 약속을 건넨 것과 같다. 그러므로 피로 맺는 언약은 일반적인 약속과 다르다. 이 언약의 체결에는 생명과 죽음의 문제가 걸려있다.

바로 이러한 이유 때문에 아브람이 받았던 그 놀라운 약속들을 쉽게만 생각할 수는 없는 것이다. 하나님께서 아브람과 체결하신, 아니 일방적으로 그를 불러들이신 그 언약 관계는 결국 피로 맺은 동맹의 관계다. 삼위 하나님께서 주권적 권위로 아브람을 이 언약 속으로 들이신 것이다. 본인의 의사와 상관없이 원치 않는 언약 관계를 맺었기에 아브람이 피해자인가? 하지만 하나님의 입장에서 생각해보라. 하나님은 아브람과의 특별한 언약 관계 속으로 직접 들어가셔서 그가 원하는 모든 것이 되어주시기로 결정하셨다. 또한 가나안의 모든 땅을 아브람에게 주시기로, 하늘의 별이 수다한 것처럼 그의 자손을 번성시켜주시기로 약속하셨다.

물론 이 모든 약속의 내용을 듣고 아브람은 놀랐을 것이다. 그러나 그는 이 약속의 말씀을 의심치 않고 믿기로 선택했다(창 15:6 참조). 그렇다 해도 아브람에겐 아직 해결하지 않고는 그냥 넘길 수 없는 한 가지 질문이 있었다. 같은 장 8절에 그 내용이 기록되어있다. "주 여호와여 내가 이 땅으로 업을 삼을 줄을 무엇으로 알리이까"(창 15:8). 장차 아브람의 삶을 통해 전개될 여러 가지 사건으로 미루어볼 때, 이 질문은 매우 중요하다.

언약 체결 과정
The Making of the Covenant

이 질문을 들으신 후, 하나님께서는 아주 상세한 지침을 아브람에게 전달하신다. 물론 아브람이 이해할 수 있는 내용들이다. 창세기 15장 9절을 보라. 하나님께서 아브람에게 "나를 위하여 삼 년 된 암소와 삼 년 된 암염소와 삼년 된 수양과 산비둘기와 집비둘기 새끼를 취하라"라고 말씀하신다. 아브람은 곧 이 모든 동물을 잡아서 그 중간을 쪼개고 조각들을 서로 마주보게 놓았다(창 15:10 참조).

하나님께서 아브람에게 짐승들의 중앙을 칼로 갈라 반씩 나누라고 말씀하셨을 때, 그는 하나님이 어떤 의도로 이 일을 시키시는지 알고 있었다(그 당시에는 생소한 일이 아니었다). 그는 하나님께서 자신과 언약을 체결하실 것임을 알았다. 그리고 언약의 보증 차원에서 행하는 이 '피 흘림' 때문에 하나님의 약속이 성취될 것도 기대할 수 있었다.

이러한 언약 체결 방법에 내포된 '엄숙함'으로 인해 피의 언약은 종종 '죽음의 행보'(walk of death)라고 불리곤 했다. 당시 행해졌던 계약 체결 관행을 살펴보자. 두 조각으로 나뉜 짐승의 사체는 서로 마주한 채로 땅에 놓여진다. 그리고 두 조각 사이에 사람 둘이 걸어갈 만한 공간을 터 놓는다. 계약 체결 당사자들은 쪼개진 짐승 사이를 걷게 되는데, 서로 상대방을 향하여 진행한다. 이 둘의 행적을 위에서 본다면 눕혀진 8자가 그려질 것이다. 쪼개진 짐승의 샛길, 중간에서 만날 때 이 둘은 서로를 향해 먼저 축복의 말을 전한다. 이후 계약 내용을 확인하고, 이를 어길 경우 받게 될 저주의 말을 서로에게 전한다.

계약 당사자들에게 이 '죽음의 행보'는 '서로를 향한 전적인 헌신'을 의미한다. 각 사람은 더 이상 자신을 위해 살지 않고 언약 상대자를 위해 살아갈 것을 선언하는 것과 같다. 그러므로 피의 언약은 독립적·이기적·개인적인 삶의 종식을 뜻한다.

피의 언약으로 인한 구속력에 의해 당사자들은 자신의 모든 자산, 의무, 채무 등을 공유해야 한다. 원수마저도 공유한다. 예를 들어, 만일 당신이 아브람의 시대에 살았는데 필요에 의해 어떤 사람과 언약을 맺었다고 가정해보자. 이제 당신의 무능력으로 청산하지 못한 빚이나 수행하지 못한 의무는 모두 그 사람의 책임으로 전가된다. 하지만 좋아할 일만은 아니다. 그가 곤경에 처했을 때 당신도 동일한 책임을 감당해야 한다. 그 역시 당신의 모든 자산을 처분할 권한을 갖고 있다. 그뿐만 아니라 당신과 언약을 맺은 그 사람은 당신의 원수들마저 자신의 원수로 선포하고 그들을 대적해야 한다. 물론 당신도 예외는 아니다. 그가 당신에게 했던 것처럼 당신도 그를 위해 동일하게 행해야 한다.

언약을 체결하신 하나님은 이와 동일한 내용의 계약 준수 사항을 아브람과 공유하신 것이다. 하나님께서는 아브람이 수행해야 할 모든 의무와 책임을 떠맡으셨다. 게다가 아브람이 대적해야 할 원수들을 자신의 원수로 선포하셨다. 하지만 언약의 구속력은 쌍방향으로 작용한다. 아브람 역시 하나님과의 언약 관계로 들어갔다. 아브람이 가진 모든 것은 하나님의 것이 되었다.

그런데 한 가지 문제가 있다. 어떻게 아브람이 전능하신 하나님과 언약을 맺을 수 있는가? 약하고 죄 많은 인간이 어떻게 하나님과 이러한 언약 관계 안으로 들어갈 수 있는가? 게다가 하나님은 어떠한 의무도, 어떠한 빚도 없으시다. 또한 하나님에게 위협이 될 만한 적도 없다.

언약을 맺는 동기
The Motivation For Covenant

앞서 살펴본 대로 두 당사자가 언약을 체결할 때, 그들 각각은 반으로 쪼개진 동물의 사체 사이를 걷는다. 그러나 아브람과 하나님이 맺은 언약의 경우엔 달랐다. 하나님은 먼저 아브람을 깊이 잠재우신 후, 그에게 다가가셨다(창 15:12 참조). 구약 성경을 헬라어로 번역한 '셉투아진트'

(70인역) 성경역본에는 '깊은 잠'에 해당되는 히브리 원어 '타르데마' (tardemah)가 '엑스타시'(ecstasy)라는 헬라 단어로 번역되었다(본래 구약성경은 히브리어, 신약은 헬라어로 기록되었다 - 역자 주). 여기서 이 단어의 사용을 주목해야 한다. 아브람의 경험을 묘사할 때 사용된 이 단어는 그의 경험이 심오한 예언적 특징을 띠고 있다는 점을 강하게 시사해주기 때문이다.

그뿐만이 아니다. 셉투아진트 역본은 12절에서 '경외' 혹은 '두려움'에 해당하는 히브리어 '에마'(ay-maw)를 '포보'(Phobo)라는 헬라 단어로 번역해놓았다. 포보라는 단어가 예언적인 경험과 연계되어 사용된 것은 매우 이례적인 일이다. 하지만 아브람의 환상을 설명하는 대목에 이 단어가 등장한다. 이 단어의 사용으로 인해 당시 아브람의 심리를 알 수 있다. 그는 너무도 놀랍고 심오한 무언가를 목격하고 경험했기 때문에 그것을 본 즉시 마음이 사로잡히게 되었다. 내 생각에 이 사건은(부분적이긴 하지만) 예수님께서 다음의 말씀을 통해 지목하셨던 내용과 관련되어 있다. "너희 조상 아브라함은 나의 때 볼 것을 즐거워하다가 보고 기뻐하였느니라"(요 8:56).

도대체 어떤 이유에서 이처럼 복잡한 사실들을 나열하여 이야기하는 것인가? 또 왜 우리는 이러한 세부 사항을 알아야 하는가? 간단하다. 바로 다음에 이어질 일련의 대화와 사건을 이해하기 위해서다. 아브람이 강력한 예언적 환상을 목도하고 있을 때, 하나님께서는 그의 후손들이 사백 년간 다른 나라의 지배 아래에 놓이게 될 것을 말씀하셨다. 사백 년의 기간이 끝나면 그들이 큰 재물을 안고 속박에서 풀려나게 될 것 또한 말씀하셨다.

이후 아브람은 풀무처럼 생긴 횃불이 연기를 발하며 쪼갠 고기 사이로 지나는 것을 보았다(창 15:17 참조). 쪼개놓은 동물의 사체 사이를 지나간 것은 누구, 혹은 무엇인가? 사도 요한은 계시록에 그가 바라본 예수님의 환상을 생생하게, 그리고 자세하게 묘사해놓았다. "그 머리와 털의 희기가 흰 양털 같고 눈 같으며 그의 눈은 불꽃(횃불) 같고 그의 발은 풀무에 단련한 빛난 주석 같고…"(계 1:14-15 참조)

쪼갠 고기 사이를 아브람 대신 지나셨던 분은 예수님이었다. 예수님께서 선재(先在, pre-existing)적 영광 가운데에 그 사이를 걸어가셨던 것이다. 창세 이전, 성자 예수님은 성부 하나님께 한 가지 약속을 드렸다. 그 약속의 내용이 무엇인가? 아브람을 대신하겠다는 것이었다. 예수님께서는 그 약속대로 아브람과 그의 후손을 대신하여 '죽음의 행보'를 걸어가셨다. 예수께서 육체로 이 땅에 오신 사건은 바로 이 언약의 성취이리라!

아브람에 의해 희생된 짐승들의 '죽음'은 장차 인류를 대신하여 바쳐질 궁극적 희생제(Supreme sacrifice)를 상징한다. 그리스도께서 우리의 죄를 사하시기 위해 궁극적 희생 제물, 곧 하나님의 어린양으로 이 땅에 오시리라. 사탄의 속박에 얽매였던 우리를 자유케 하시리라. 예수님의 보혈은 우리의 수치심을 영원히 씻어낼 것이다.

그런데 왜 그리스도께서 이러한 일을 행하시는가? 무엇이 그로 하여금 백성을 자유케 하는, 그 길고도 먼 길을 선택하게 하였는가? 이제 기억나는가? 하나님께서 그리스도에게 신부를 주시기로 약속하셨다는 사실을 말이다. 아브라함의 자손들 중에서 그리스도의 신부가 나올 것은 명백해졌다. 창세 전에 삼위 하나님께서 세우신 계획에 따라 아브람은 '신부의 아버지'로 선택되었다. 그리고 그리스도께서는 스스로를 산 제사로 드려 죽음으로써 '궁극적인 신부의 값'을 지불하기로 결정하셨다. 성부께서 선택하신 신부를 아내로 삼기 위해 그리스도께서 자신을 궁극적인 희생으로 내어주신 것이다.

그리스도의 희생을 온전히 이해하려면 '신부를 구매하는' 유대 문화부터 이해해야 한다. 유대 문화권에서 신랑은 아내 될 사람을 얻기 위해 장인에게 '신부의 값'을 지불한다. 오해하지 말기 바란다. 이 전통에는 여성을 비하하는 뉘앙스가 담겨있지 않다. 사실은 그 반대다. 신랑이 신부의 값을 지불하는 주된 이유 중 하나는 신랑이 아내 될 여인을 얼마나 아끼고 소중히 여기는지를 드러내기 위해서다. 이러한 개념을 이해할 때 비로소 베드로전서 1장 18-19절의 말씀이 더욱 깊은 의미로 다가오게 된다. "너희가 알거니와 너희가…구속된 것(구매된 것, 값을 지불하여 산 것)은 은이나 금 같이 없어질 것으로 한 것이 아니요 오직 흠 없고 점 없는 어린양 같은 그리스도의 보배로운 피로 한 것이니라"(괄호 안 구문은 저자 강조).

예수님께서는 미래의 신부를 향한 자신의 사랑과 애정을 소중히 간직하셨다. 그러므로 은이나 금 같은 것으로는 그녀를 '구매'하기에 충분치 않다고 생각하셨다. 이에 예수님은 자신의 피를 흘려 그 값을 지불하고 그녀와 혼인하기로 결심하셨다. 그녀와 함께 영원히 살면서 행복을 누리기 위해 예수님은 '죽음의 행보'를 걸으셨다.

그러나 이야기는 여기서 끝나지 않는다. 하나님께서는 아브람과의 언약 체결을 마무리하시기 전, 그의 이름을 '아브라함'(Abraham)으로 바꾸어주신다. 이것은 단순한 개명 차원으로 해석될 일이 아니다. 『Covenant: Its Blessings, Its Curses』라는 책의 저자 밥 필립스(Bob Phillips)는 유대교의 전통에 의해 히브리어 음절 '아흐'(ah)가 하나님의 '날숨'(내쉬는 숨)을 묘사하는 것이라고 강력하게 주장한다. 그 책에서 필립스는 이렇게 말했다. "아브라함이라는 이름에는 인간이 발설할 수 없는 하나님의 이름 '야훼'의 일부가 담겨있다. 아브람의 이름을 아브라함으로 바꾸는 과정에서 하나님은 자신의 생명을 그에게 불어넣으셨다. 하나님께서는 아브라함과 자신의 이름 '야훼'를 공유하시면서 언약 관계 속으로 들어가신 것이다."[1] (유대인들은 히브리어 알파벳 네 개로 구성된 하나님의 이름, '야훼'[여호와]가 매우 거룩하다는 이유로 그것을 발음하지 않는다. 대신 '아도나이'로 변형해서 발음한다. 아브람[Abram]에서 아브라함[Abraham]으로 변형될 때 ah가 첨가된 것을 주목하라-역자 주)

이러한 과정을 통해 주님께서는 아브라함을 가족의 일원으로 여기시며 또 자신과 동일시하신다는 것을 말씀해주셨다. 그뿐만 아니라 신랑이신 주님께서는 때가 되면 성령을 통해, 신부 안으로 들어가실 것이다. 이 사실 또한 언약 체결, 이름 공유 등의 과정을 통해 알 수 있다.

언약적 사랑을 위해 지음 받음
Made for Covenant Love

하나님은 자신의 '소중한 소유'가 될 백성을 항상 갈망하셨다(출

19:5 참조). 그들 가운데에 거하시기 위해 하나님께서는 자신의 소유될 백성을 그토록 소망하셨던 것이다. 아담으로부터 예수님에 이르는 시간 동안 성경에 제시된 모든 언약은 하나님의 갈망을 그 중심 내용으로 삼고 있다. 다른 말로 하자면, 아들(성자 예수)이 친밀함을 느낄 수 있는 상대, 그러한 신부를 찾으시는 하나님 아버지의 갈망 안에서 이 모든 언약이 성취될 것이었다. "이 비밀은 만세와 만대로부터 옴으로 감추어졌던 것인데 이제는 그의 성도들에게 나타났고 하나님이 그들로 하여금 이 비밀의 영광이 이방인 가운데 어떻게 풍성한 것을 알게 하려 하심이라 이 비밀은 너희 안에 계신 그리스도시니 곧 영광의 소망이니라"(골 1:26-27).

생각해보라! 하나님께서 우리를 너무도 사랑하시기 때문에 성경에 기록된 그분의 모든 행동은 우리를 향한 그분의 깊은 애정을 계시하고 있다. 또한 우리에게 연인과 최고의 친구가 되고자 하시는 그분의 갈망을 담아내고 있다. 고린도전서 11장 24절에는 이러한 그분의 마음속 열정이 더 깊고 놀라운 언어로 표현되어있다. "이것은 너희를 위하는 내 몸이니"(너희를 위하여 부서진 내 몸이니).

어떤 사람들에게는 이 이야기가 마치 할리우드영화에나 나올 법한 이야기처럼 들릴지도 모른다. 그러나 이 이야기가 할리우드영화보다 훨씬 낫다! 만일 이 이야기의 스토리라인이 할리우드에서 제작되는 영화의 대본 중 일부였다면 아마도 다음과 같았을 것이다.

옛날 옛적, 매우 아리따운 여인이 살고 있었다. 그녀는 왕의 딸이었을 수도, 혹은 평범한 하녀였을 수도 있다. 우리는 그녀의 신분이 무엇인지 모른다.

그러나 우리는 자신의 마음속에서만큼 그녀는 항상 공주였다는 것을 안다. 영원한 젊음을 지닌 그녀는 언제나 아름다운 여인이었다. 하지만 그 누구도 이 사랑스러운 여인을 만날 수가 없었다. 사악한 힘을 가진 마법사가 어둠의 탑 안에 그녀를 가둬놓았기 때문이다. 용감한 사람만이 그녀를 만날 수 있다. 가장 용감하고 두려움을 모르는 용사만이 그녀를 자유케 할 수 있다. 모든 소망을 뒤로한 채, 한 남자가 등장한다. 그는 노련한 솜씨와 용맹한 기세로 그녀가 갇혀있는 탑을 포위하였다. 그리고 그녀를 가두고 있는 사악한 마법사에게 공격을 가했다. 치열한 싸움이었다. 마법사도, 용감한 남자도 많은 피를 흘렸다. 그는 세 번이나 쓰러졌다. 하지만 다시 일어나 공격을 재개했다. 결국 마법사는 싸움에서 패했다. 용은 죽임을 당했고 마법사의 목이 날아갔다. 이제 그녀는 이 용감한 사내의 소유가 되었다. 그는 자신의 용맹으로 그녀의 마음을 얻은 것이다.[2]

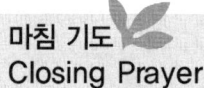

마침 기도
Closing Prayer

아버지, 이 시간 내 마음과 생각을 여셔서 당신과 내가 맺고 있는 이 언약의 관계를 온전히 이해하게 하옵소서. 내 마음이 깨어 당신의 사랑을 느끼기를 원합니다. 나를 당신의 심장 깊은 곳, 더 깊은 곳으로 인도하소서. 당신의 사랑이 그리고 당신의 그 열정이 내 안에서 불붙듯 일어나길 원합니다. 내가 그리스도의 신부라는 사실을 나로 목도하게 하소서. 예수님의 이름으로 기도합니다. 아멘.

주)───────────────

1. Bob Phillips, *Covenant: Its Blessings, Its Curses* (World Challenge, Inc., 1986), p.11.

2. John Eldredge, *Wild at Heart* (Thomas Nelson, Inc., 2001), p.180.

제4장

거룩한 청혼

A Sacred Marriage Proposal

제4장
거룩한 청혼

여호와의 말씀이 또 내게 임하여 가라사대 인자야 예루살렘으로 그 가증한 일을 알게 하여 이르기를 주 여호와께서 예루살렘에 대하여 말씀하시되 네 근본과 난 땅은 가나안이요 네 아비는 아모리 사람이요 네 어미는 헷 사람이라 너의 난 것을 말하건대 네가 날 때에 네 배꼽 줄을 자르지 아니하였고 너를 물로 씻어 정결케 하지 아니하였고 네게 소금을 뿌리지 아니하였고 너를 강보로 싸지도 아니하였나니 너를 돌아보아 이 중에 한 가지라도 네게 행하여 너를 긍휼히 여긴 자가 없었으므로 네가 나던 날에 네 몸이 꺼린 바 되어 네가 들에 버리웠었느니라 내가 네 곁으로 지나갈 때에 네가 피투성이가 되어 발짓하는 것을 보고 네게 이르기를 너는 피투성이라도 살라 다시 이르기를 너는 피투성이라도 살라 하고 내가 너로 들의 풀같이 많게 하였더니 네가 크게 자라고 심히 아름다우며(겔 16:1-7)

한 나라를 입양하다
Adopting a Nation

위에 적힌 구절은 성경에서 가장 생생한 묘사 중 하나로 손꼽힌다. 언어로 그림 그리듯 이스라엘 국가의 출범을 표현한 구절이다. 여기에 사용된 용어들도 흥미롭기 그지없다. 자신의 영광을 위해 한 민족을 선택하여 사랑하시는 하나님의 열정, 그 하나님의 사랑 이야기를 표현하기 위하여 선지자 에스겔은 큰 붓을 들어 강렬한 터치로 상상의 나래를 펼치기 시작한다.

캔버스 위에 펼쳐진 시적 비유는 정처 없이 방황했던 시절, 히브리 민족이 느껴야 했던 참담함과 절망스러운 상태를 표현하기 위함이다(소망 없던 그때에, 처음으로 하나님께서는 자신을 계시하셨다). 이 가련한 노예 백성의 곤경은 부모로부터 버림받은 갓난쟁이 딸로 비유된다. 아이의 생모는 길에서 아이를 낳고 떠나버렸다. 아이가 죽도록 그 자리에 내버려둔 것이다. 생부 역시 아이의 생존에는 관심조차 없었다. 아이를 살리기 위해 행해야 할 일들을 귀찮아했기 때문이다. 심지어 엄마나 아빠, 그 누구도 아이의 탯줄을 끊거나 작고 유약한 몸뚱어리를 씻기거나 하지 않았다.

에스겔 선지자는 애굽이라는 강대국에서 노예 신분으로 지내야 했던 아브라함의 후손들이 느껴야 했던 감정, 그들이 체감했던 거절감과 참담함을 '역겹도록 적나라한' 언어로 묘사하였다.

먼저 하나님께서 아브라함에게 주셨던 약속의 말씀을 상기해야 한다. "내가 내 언약을 나와 너와 네 대대 후손의 사이에 세워서 영원한 언약을 삼고 너와 네 후손의 하나님이 되리라"(창 17:7). 그리고 이 사실을 기억하라. 하나님께서 아브라함과 언약을 체결하시고 난 후, 그분이 이스라엘 백성에게 자신을 계시하시기까지 사백삼십 년이라는 시간이 흘렀다.

하지만 이스라엘 민족을 향한 하나님의 뜻은 조금도 변하지 않았다. 에스겔이 사용한 언어에 의해 전달되는 아름다움, 시적 감성은 이를 더욱 확실하게 그려주고 있다. "내가 네 곁으로 지나갈 때에 네가 피투성이가 되어 발짓하는 것을 보고 네게 이르기를 너는 피투성이라도 살라 다시 이르기를 너는 피투성이라도 살라 하고 내가 너로 들의 풀같이 많게 하였더니 네가 크게 자라고 심히 아름다우며 유방이 뚜렷하고 네 머리털이 자랐으나"(겔 16:6-7).

에스겔 16장 6-7절에서 볼 수 있는 색채 진한 언어들은 출애굽기 6장 5-8절에 기록된 말씀의 정수를 그대로 담아내고 있다. 하나님께서 모세에게 말씀하셨다.

> 이제 애굽 사람이 종을 삼은 이스라엘 자손의 신음을 듣고 나의 언약을 기억하노라 그러므로 이스라엘 자손에게 말하기를 나는 여호와라 내가 애굽 사람의 무거운 짐 밑에서 너희를 **빼어** 내며 그 고역에서 너희를 건지며 편 팔과 큰 재앙으로 너희를 구속하여 너희로 내 백성을 삼고 나는 너희 하나님이 되리니 나는 애굽 사람의 무거운 짐 밑에서 너희를 **빼어** 낸 너희 하나님 여호와인 줄 너희가 알지라 내가 아브라함과 이삭과 야곱에게 주기로 맹세한 땅으로 너희를 인도하고 그 땅을 너희에게 주어 기업을 삼게 하리라 나는 여호와로라(출 6:5-8)

물론 사용된 언어의 느낌 차이 때문에 에스겔서의 말씀과 출애굽기의 말씀이 사뭇 다르게 다가올 수 있다. 하지만 이 둘 모두 하나의 동일한 사건을 묘사하고 있다. 애굽으로부터 탈출한 지 수백 년이 지난 후, 에스겔은 수사학의 기술로 당시의 사건을 전한다. 출애굽기에는 세세히 기록되지 않은 하나님의 사랑, 자녀를 향한 하나님의 열정을 생생한 언어로 표현하고 있다.

이스라엘 나라가 출범할 당시 그들의 아버지로서 그분이 가졌던 심오한 감정 및 온화한 사랑에 대해 계시하시고자 하나님께서는 일부러 에스겔 16장 6-7절의 언어를 사용하셨다. 이 구절은 자신의 아이를 끔찍이도 사랑하는 한 아버지의 이야기를 아름답게 묘사하고 있다.

이스라엘 민족을 애굽으로부터 인도해내시는 과정에서 하나님께서 행하신 모든 일은 그의 '부모됨됨' 및 '아버지로서의 책임감'을 반영해주고 있다. 처음부터 하나님께서는 이스라엘 민족이 이러한 '아버지의 마음'을 이해하기를 바라셨다. 그들을 대신하여 직접 행하셨던 모든 일을 오해한 나머지 그들이 하나님을 무서워하게 될까 봐 염려하셨기 때문이다.

애굽의 노예로 편입된 첫날부터 온전한 자유를 누리게 된 날까지, 이스라엘 민족은 애굽 집주인들에 대한 무서움, 강제로 섬기게 된 그 나라 신들에 대한 무서움을 떨칠 수가 없었다. 끊이지 않는 두려움 때문에, 여호와께서 애굽의 폭정으로부터 구원해주신 이후에도 이스라엘은 여전히 우상에 매달렸다. 이스라엘 민족은 자신을 향한 하나님의 애정에 대해서는 조금도 눈을 뜨지 못한 채, 하나님의 심판과 진노에 대해서만 두려워할 뿐이었다. 하나님을 아는 지식은 없었고 그에 대한 오해만이 가득했다.

애굽에 내리셨던 그 큰 재앙들은 이스라엘에 대한 심판이 아니었다. 자기 백성을 질투하시기까지 사랑하시는 하나님의 길을 가로막는 모든 것에 대한 심판 방법이었다. 하지만 이스라엘 백성은 이 사실을 이해하지 못했다.

사실 하나님께서는 이스라엘의 원수를 멸절하시고자 크신 팔을 펼치셨고 그 과정에서 애굽이라는 한 나라를 무릎 꿇리신 것이다. 하나님께서는 이스라엘 백성이 이러한 의도를 이해하고 그분을 경외하는 삶을 살기를 바라셨다. 그들이 어떠한 일을 겪든 하나님을 신뢰하는 데에 있어서 아무런 문제가 없기를 바라셨다. 하나님께서 행하신 어떠한 일도 그들을 겁주기 위한 의도는 아니었다. 그러한 의도는 조금도 없었다! 자신을 이스라엘 백성에게 계시하시기 시작한 순간부터, 하나님께서 그들에게 원하신 것은 사랑과 헌신뿐이었다. 하나님은 그들의 사랑과 헌신만을 원하셨다.

이러한 이유로 하나님께서는 모세에게 지시하시기를 백성에게 가서 "스스로 있는 자가 나를 너희에게 보내셨다 하라" 하셨다(출 3:14 참조). 하나님께서 자신을 가리켜 '스스로 있는 자'(I AM)라고 지칭하신 것은 다음과 같이 말씀하신 것과 같다. "나는(I AM) 너희가 원할 때면 언제든 너희에게 필요한 자가 될 것이다. 나는(I AM) 너희의 영원한 아버지다. 나는(I AM) 너의 공급자다. 나는(I AM) 너를 보호하는 유일한 하나님이다. 네가 필요로 할 때 언제든 네 곁에 있다."

14절에 사용된 언어의 성격과 하나님께서 이스라엘 백성에게 약속하신 내용을 살펴보면 창세기 17장 1절에 기록된 말씀이 떠오른다. 하나님께서 아브라함에게 말씀하셨다. "나는 전능한 하나님이라 너는 내 앞에서 행하여 완전하라"(창 17:1). '전능한 하나님'의 의미는 '보호자' 혹은

'모든 것을 만족케 하시는 분'이다. 온전한 부모이신 주님은 자녀를 돌보시는 아버지, 자녀의 모든 필요를 채우고도 남을 만큼 능력 있는 아버지이시다. 하나님은 이 사실을 아브라함뿐만 아니라 그의 후손에게도 확신시켜주셨다.

애굽의 압제로부터 이스라엘 백성을 자유케 하신 주님은 햇병아리 같은 이들을 먹이시고 입히셨다. 바위에서 미네랄워터를 샘솟게 하셨다. 만나 핫케이크와 메추라기 휠레(fillet, 저민 고기) 요리를 먹이셨다. 이러한 하나님의 애정과 관심은 이들을 향한 '아버지 사랑'을 생생하게 보여주시기 위함이었다. 하나님께서는 이들의 몸에 밴 애굽의 습관을 떨어내고 동시에 자신의 사랑으로 이들의 삶을 채우기 원하셨다.

하지만 백성은 여전히 이해하지 못했다. 하나님께서 '여호와'라는 이름으로 자신을 계시하셨음에도 그 이름의 중요성을 깨닫지 못했던 것이다. 홍해에서 출발하여 시내 산까지 이르는 동안 이스라엘 백성은 볼멘소리로 하나님을 원망했다. "도대체 왜 우리를 이곳으로 이끌어내었는가?"라고 중얼대며 계속해서 하나님의 의도를 의심하였다. 시내 광야에 도달했을 즈음, 이들의 몸은 긴 여행으로 지친 상태였고 이들의 마음은 앞으로 나아갈 방향과 목적지에 대해 혼란스러운 상태였다. 이스라엘 민족 전체가 자신을 선택하신 분이 어떤 분이신지에 대해 조금도 감을 못 잡았음은 자명했다. 이에 하나님께서는 다시 한 번 자신을 계시하고자 결심하셨다. 이스라엘 백성에게 다시 한 번 자신을 소개하시는 하나님… 이 얼마나 놀라운 일인가!

신부를 선택함
Choosing a Bride

　일찌감치 하나님께서는 이스라엘 백성에게 자신을 계시하시되 '자녀를 돌보고 사랑하시는 아버지'로서 나타내고자 하셨다. 하나님께서 이 정도 하시면 백성은 그분 안에서 안전함을 느끼고 그의 사랑 안에서 평안했어야 했다. 그러나 그들은 불안해했고 두려워했다.

　하나님께서 아버지의 마음을 계시하신 데에는 또 다른 목적이 있었다. 하나님께서는 이들의 최종 목적지를 상정하시며, 이스라엘을 준비시키고자 하셨다. 결혼식 날, 신부의 아버지는 자신의 딸이 이 세상에서 가장 아름다운 신부가 되도록 극진한 배려와 사랑을 베푼다. 마찬가지로 하나님께서는 이스라엘 백성이 가장 아름다운 신부가 되도록 극진한 사랑으로 그들을 준비시키신다.

　이러한 자신의 의도를 이스라엘이 더 깊이 이해할 수 있도록 그리고 그들을 향한 자신의 순수하고 열정적인 사랑을 가슴 깊이 깨우쳐주시기 위해 하나님은 한 가지 방법을 고안해내셨다—이스라엘에게 '청혼' 하신 것이다. 이것은 이 세상에서 볼 수 없는 청혼이다. 하나님께서 모세를 통해 이스라엘에게 말씀하셨다. 아주 아름다운 시어(詩語)를 사용하여 이스라엘에게 청혼하신 것이다. "내가 애굽 사람에게 어떻게 행하였는지 또 내가 어떻게 독수리 날개로 너희를 업듯이 내게로 인도하였는지 너희가 보았느니라 세계가 다 내게 속하였나니 너희가 내 말을 잘 듣고 내 언약을 지키면 너희는 열국 중에서 내 **귀한** 소유가 되리라"(출 19:4-5 참조,

굵은 글씨는 저자 첨가).

유대교의 전승에 의하면, 하나님이 시내 산에서 이스라엘과 맺으신 언약은 실제로 결혼 서약이었다고 한다. 수 세기 동안 유대교의 랍비들은 남녀 간의 결혼식이 시내 산에서 있었던 그 사건의 재생(re-enactment)이라고 믿었다. 또한 이 사건은 하나님과 이스라엘 사이에 체결된 언약의 주요점을 반영한다고 믿었다.

이 사실은 에스겔서 16장에 나오는 적나라한 비유를 통해 다시 한 번 강조된다. 단 한 구절에 담긴 그 놀라운 상징을 통해 시내 산에서 하나님과 이스라엘이 만났던 그 '열정적인' 사건은 물론, 하나님께서 이스라엘에게 제시하셨던 청혼 내용도 표현되었다. "이후 내가 네 곁으로 지나며 보니 네가 사랑하기에 충분할 만큼 성숙하였느니라 이에 내가 내 옷자락으로 너를 덮어 너의 벌거벗음을 가리고 네게 맹세하고 언약하여 너를 내 것으로 삼았느니라 나 주 여호와가 선포하노라"(겔 16:8 참조).

성경은 하나님을 신랑으로, 이스라엘을 그의 신부로 비유한다(사 54:5-6, 62:5 참조). 하나님께서 예레미야에게 말씀하셨다. "나 여호와가 말하노라 보라 날이 이르리니 내가 이스라엘 집과 유다 집에 새 언약을 세우리라 이 언약은 내가 그들의 열조의 손을 잡고 애굽 땅에서 인도하여 내던 날에 세운 것과 같지 아니할 것은 내가 그들의 남편이 되었어도 그들이 내 언약을 파하였음이니라"(렘 31:31-32 참조). 이외에도 헬레니즘의 영향을 받은 유대교는 아가서를 하나님과 이스라엘(신부)의 사랑을 비유적으로 표현한 문서로서 이해한다.

구약 전반에 걸쳐 하나님께서는 이스라엘 백성을 향한 자신의 불붙는 열정을 묘사하기 위해 '혼인의 언어'를 사용하셨다. 이 아름다운 언어를 통해 하나님은 그들에게 신랑의 마음이 어떠한지를 계시하실 수 있었다. 하나님이 사용하신 결혼의 언어는 구약 전체에서 발견되지만, 이스라엘 백성의 마음을 일깨워 그들의 궁극적인 정체성 곧 '그리스도의 신부'임을 알리신 것은 출애굽기 19-20장의 '신부 이미지'를 통해서다. 여러 면에서 이 말씀의 중요성이 부각된다.

약혼식
The Betrothal

고대 유대교 전통에 의한 결혼식은 두 부분으로 나뉜다. 결혼식의 첫 번째 부분은 약혼식이다. 약혼식 당시, 연합의 조건과 약혼 당사자들의 의무 사항이 상세히 기술된 결혼 서약문(케투바, ketubah)을 신부에게 읽어준다. 이후에 신부가 신랑에게 헌신할 것인지 최종적으로 질문한다. 랍비들은 이 관습이 성경에 기반하고 있다고 밝힌다. 시내 산에서 하나님이 이스라엘(신부)을 향해 결혼 약관을 선포하시는 부분이다. "세계가 다 내게 속하였나니 너희가 내 말을 잘 듣고 내 언약을 지키면 너희는 열국 중에서 내 소유가 되겠고 너희가 내게 대하여 제사장 나라가 되며 거룩한 백성이 되리라"(출 19:5-6).

이어지는 구절도 보라. "모세가 와서 백성의 장로들을 불러 여호와께서 자기에게 명하신 그 모든 말씀을 그 앞에 진술하니…"(출 19:7 참조) 케투바 서약문에 결혼 관련 당사자들이 지킬 조건과 그들이 행해야 하는 일들의 목록이 표기된 것처럼, 시내 산에서 선포된 계약 역시 하나님이 제정하신 거룩한 약관을 명시하고 있다.

성별(聖別)
Act of Consecration

초기 랍비 문학을 보면, 결혼식의 첫 부분 즉, 당사자들을 계약 관계로 묶는 약혼식을 가리켜 '성화'(sanctification) 혹은 '성별'(consecration)의 행위로 일컫고 있음을 알 수 있다. 이것을 히브리어로는 '키두신'(kiddushin)이라고 부른다. 키두신이라는 말이 지닌 근본적인 의미는 '구별하다', '거룩해지다' 이다. 랍비들은 바로 이 '성화'의 개념이 시내 산[1]에서 하나님께서 이스라엘 백성과 맺으신 언약의 핵심이라고 주장해왔다. 하나님께서 모세에게 다음과 같은 말씀을 하신 것도 이러한 이유에서다. "너는 백성에게로 가서 오늘과 내일 그들을 성결케 하며…"(출 19:10 참조) 백성은 하나님과의 혼례를 위하여 순결한 처녀처럼 거룩한 신부, 또 하나님께만 거룩히 구별(성별)된 신부이어야 했다. 이스라엘을 향한 하나님의 부르심은 '거룩한 나라'가 되라는 것이었다(출 19:6 참조).

준비 기간
The Period of Preparation

유대 공동체는 결혼을 두 사람 간의 평생 지속되는 언약으로 보았기 때문에 약혼 기간은 결혼을 준비하는 기간으로 이해하였다. 결혼은 '순간의 결정'으로 이뤄지는 일이 아니다. 심각하게 고민해보고 오랜 시간 상고함으로써 결혼을 준비하는 것이 일반적이었다. 이후 결혼 예식을 통해 약혼 당사자들의 관계가 온전함에 이른다.

출애굽기 19장 12-15절에 의하면 이스라엘 민족에게도 하나님의 언약을 받기 위한 준비 기간이 주어졌다. 먼저 모세는 백성에게 옷을 빨 것을 명령했다. 이는 정화를 상징하는 행위다. 이 사건 이후 '세탁'은 유대 문화권의 신부들이 반드시 거쳐야 할 '정화'의 과정을 상징하게 되었다.

이스라엘이 하나님의 언약을 받기 위해 준비되는 기간 동안 남편들은 아내와의 잠자리조차 피할 것을 명받았다. 동일한 본문에서 이와 같은 지침을 발견할 수 있다. 그리스도와의 참된 친밀감을 누리려면 오직 그를 위해서만 구별(separated)되고 성별(consecrated)되어야 한다. 옷을 빨거나 잠자리를 멀리하는 행위는 '성별'과 '구별'의 중요성을 인식시키기 위한 조치였을 것이다.

게다가 모든 백성은 준비 기간이 끝날 때까지 시내 산 근처에 다가갈 수 없었다. 하나님께서 멀리 계시거나 그분께 가까이 나아가는 것이 불가능하기 때문은 아니다. 일을 어렵게 만드시려는 의도도 아니다. 이제 곧 이스라엘이 맺게 될 언약의 진지함과 중요성에 대해 그들이 인식하게 되길 원하셨기 때문이다. 하나님의 초월적인 아름다움과 찬란함 때문에 언약 상대자인 이스라엘은 그에 적합한 거룩함으로 준비되어야 했다.

서약
The Covenant Pledge

유대 문화권에서 언약의 개념은 결혼한 부부에게도 적용되는데, 언약 관계에 있는 부부는 반드시 언행일치를 보여야 한다. 이것이 부부간의 언약이다. 시내 산에서 이스라엘 백성이 언약의 규례와 조항에 전적으로 동의한다는 서약을 공공연히 반포했듯이 결혼하는 부부에게도 이와 동일한 서약의 공포가 요구된다. 유대 문화에서 한 사람의 말은 곧 그 사람의 약속과도 같다. 하나님의 신부인 이스라엘이 "여호와의 명하신 대로 우리가 다 행하리이다"(출 19:8)라고 말했을 때, 그것은 영원토록 신랑 되신 하나님의 충실한 아내로 남겠다는 서약이었으며 언약의 모든 요구 사항을 이 세상 끝 날까지 준행하겠다는 다짐이었다.

신랑 입장
The Coming of the Bridegroom

유대교의 결혼식 전통에 의하면 신랑은 먼저 결혼 예식이 거행될 천막(후파, huppah) 안으로 들어가 신부가 입장하기까지 기다려야 한다(이때 두 명의 들러리가 신랑을 돕는다. 신부가 입장하면 부부는 식이 끝날 때까지 후파를 떠나지 않는다). 랍비들은 이러한 결혼 예식의 전통이 시내 산 사건에서 비롯되었다고 가르친다. 그때의 사건을 보면, 먼저 하나님께서 불 가운데서 시내 산에 강림하신다. 이후 하나님께서는 이스라엘 백성이 각각 진영에서 나와 그분에게로 올 때까지 기다리신다(출 19:16-18 참조). 어떤 랍비들은 하나님께서 이스라엘과의 결혼 예식을 위해 시내 산에 내려오셨을 때, 두 들러리가 함께했다고 가르치기까지 한다. 여기서 두 들러리란 십계명이 적힐 두 개의 돌 판을 뜻한다.

불의 인도
The Procession by Fire

신랑과 신부가 예식이 거행되는 천막으로 입장할 때, 촛불이나 남폿불(lamp)을 운반하는 들러리들과 동행했는데 이것은 수 세기 동안 이어진 유대 공동체의 관습이다. 영화 '지붕 위의 바이올린'(Fiddler on the Roof)에는 이러한 광경이 잘 묘사되어있다. 마태복음 25장에 기록된 '열 처녀의 비유' 역시 등이나 횃불을 통해 불을 밝히는 결혼 예식 광경을 잘 그려내고 있다.

어떤 랍비들은 이 관행 역시 시내 산에서의 사건에서 유래되었다고 이야기한다. 하나님과 언약을 체결하는 날, 이스라엘 백성은 천둥소리를 들었고 이에 동반되는 번갯불, 피어오르는 연기를 목격했다(출 19:16, 20:18). 이 구절에서 번개에 해당하는 히브리 단어 '라피딤'(lappidim)은 종종 우리말, '횃불'로 번역되었다. 유대교의 신랑 신부가 불(촛불, 남폿불, 횃불)에 의해 인도되었던 것처럼, 이스라엘과 하나님의 결혼식에도 불[2]이 대동되었다.

매혹적인 찬란함
Fascinating Splendor

하나님과 이스라엘의 언약식은 엄청난 장관을 연출했을 것이다. 번갯불의 번쩍임과 피어오르는 연기만으로도 아마 놀라운 광경이었을 것이다. 신랑의 등장에 신부는 감탄을 금치 못했다. 신랑을 맞이하기 위해 모세가 백성을 이끌고 산자락으로 나아갔을 때였다. "시내 산에 연기가 자욱하니 여호와께서 불 가운데서 거기 강림하심이라 그 연기가 옹기점 연기(횃불로부터 피어오르는 연기)같이 떠오르고 온 산이 크게 진동하며…"(출 19:18) 모세가 불붙는 것 같은 여호와의 강림을 묘사한 부분과 주님을 '타오르는 횃불'로 묘사했던 창세기 15장 17절의 말씀이 매우 닮아있다는 사실에 주의를 기울이기 바란다.

시내 산에서 타오르던 불은 신부를 향한 신랑의 불붙는 사랑, 모든 것을 집어삼킬 정도의 강렬한 사랑을 역동적으로 보여주는 이미지다. 하나님께서는 이 사건을 통해 이스라엘을 향한 자신의 순수한 열정을 '제대로' 보여주고자 결심하신 것 같다—거룩한 찬란함을 발하신 데에는 이스라엘의 마음을 사로잡기 위한 목적이 있었다. 그들을 공포에 사로잡히게 할 뜻은 조금도 없었다.

그러나 이스라엘은 이러한 주님의 의도를 오해했고 또 오해했다. "뭇 백성이 우뢰와 번개와 나팔소리와 산의 연기를 본지라 그들이 볼 때에 떨며 멀리 서서 모세에게 이르되 당신이 우리에게 말씀하소서 우리가 들으리이다 하나님이 우리에게 말씀하시지 말게 하소서 우리가 죽을까 하나이다"(출 20:18-19).

하지만 모세의 응답은 이러했다. "두려워 말라 하나님이 강림하심은 너희를 시험하고 너희로 경외하여 범죄치 않게 하려 하심이니라"(출 20:20 참조). 모세의 입에서 나온 첫 문장에 하나님의 본래 의도가 담겨있음은 자명하다. 하나님께서는 백성이 자신을 무서워하는 것을 원치 않으셨다. 프러포즈를 하시며 이스라엘이 자신을 사랑하고 섬길 수 있을지를 시험하신 것이었다. 하지만 결단코 신부가 공포에 휩싸여 강압에 의해 그러한 결정을 내리는 것을 원치 않으셨다.

하나님은 이스라엘이 그분의 매력에 반하기를, 그렇게 흠뻑 매료되어서 다른 연인을 찾지 않기를 바라셨다. 이러한 이유로 하나님께서는 그 찬란한 영광을 대동하여 시내 산에 강림하셨던 것이다. 이스라엘이 하나님의 광대하심에 감탄하기를, 열방의 신들을 좇는 죄를 떨쳐버릴 정도로 하나님의 아름다움에 매료되기를! 그렇게 하나님은 갈망하셨다. 이것이 모세가 말했던 내용이다. "하나님이 강림하심은 너희로 경외하여 범죄치 않게 하려 하심이니라."

'매혹'은 경외의 정수(精髓)다. 일단 하나님의 아름다움에 매료되어 감탄한다면 이후의 수순은 '겸손'(경외)의 겸비(兼備)일 것이다. 초월적인 하나님의 찬란함(다른 것과 같지 않은, 모든 것을 뛰어넘는, 견줄 데 없는 하나님의 미)과 그 아름다움을 대면할 때 자아내는 '탄성', 그리고 감탄에 뒤이은 '겸손' 이야말로 여호와를 경외하는 삶의 핵심이다. 경외에는 감탄이라는 감정이 포함된다. 감탄하는 것 그 이상이다. 경외란 사람의 마음을 일깨워 '하나님에 대한 지식'으로 나아가게 하는 '경이로움'(wonder)을 말한다.

하나님께서는 인간의 마음속에 '매료되기 원하는 욕구', 그 꺼지지 않는 열정을 심어놓으셨다. 이스라엘에게 구애하실 때, 하나님은 인간 내면의 이러한 면모에 호소하셨다. 거룩하신 분이자 모든 피조물과 다르며 또 만물보다 높으신 하나님이지만 그분은 기꺼이 이스라엘에게 자신을 내어주고자 하셨다. 이러한 이유에서 '시내 산'이라는 삼차원 공간으로 내려오시어 이스라엘의 눈앞에서 자신의 강력한 위용을 펼쳐 보이셨다. 여전히 하나님은 거룩한 신성의 소유자이시다. 유일하신 하나님이었지만 그 하나님께서 이스라엘을 사랑하기로 선택하셨다. 이스라엘이 보는 앞에서 '이스라엘의 거룩한 자'로 스스로를 계시하셨다.

하지만 하나님의 딜레마가 이어진다—어떻게 사람들의 마음을 강압하지 않은 채 그들의 사랑을 획득할 수 있을까? 어떻게 해야 사람을 강압하거나 파괴하지 않고 그들의 마음을 얻으며, 또 동시에 신성(神性)으로 남을 수 있을까? 이 딜레마 때문에 하나님께서는 출애굽기 19장 21-22절의 말씀을 남기셨다. 하나님의 열정적인 말씀의 배후에 이 딜레마가 서려있다. "백성은 멀리 섰고 모세는 하나님의 계신 암흑으로 가까이 가니라 여호와께서 모세에게 이르시되 너는 이스라엘 자손에게 이같이 이르라 내가 하늘에서부터 너희에게 말하는 것을 너희가 친히 보았으니…"(출 19:21-22)

이사야서 6장 2-3절을 보면 세라핌(한글 번역본엔 '스랍'으로 음차되었다. 세라핌을 문자 그대로 해석하면 '불타오르는 이'라는 뜻이다. 주로 천사를 지칭한다—역자 주)마저도 하나님의 아름다움과 눈부신 찬란함을 직접 바라보지 못한다는 것을 알 수 있다. 만일 당신이 이 세상에 존재하지 않는, 천상에나 있을 법한 완벽한 아름다움, 숨이 멎도록 눈부신 찬란함을 목격한다고 생각해보라. 당신은 아마도 공포에 휩싸일 것이다. 동시에 형언할 수 없는 기쁨에 사로잡힐 것이다. 하나님의 보좌를 둘러싼 천사들의 무리가 의무감으로 "거룩하다, 거룩하다, 거룩하다!"라고 외친 것이라고 생각하는가? 하나님께서 자신의 빛난 위용을 계속해서 드러내시자 세라핌들은 하나님의 현존이 가져다주는 생생한 즐거움에 사로잡혔다. 그들의 입에서 주체할 수 없는 기쁨의 탄성이 터져 나온 것이다. "거룩, 거룩, 거룩!"

하나님은 거룩하시다. 또 우리가 범접할 수 없는 초월자이시다. 그렇다고 하나님께 나아가는 것이 불가능한 것은 아니다. 하나님은 무한히 높은 곳에 계시지만, 멀리 동떨어진 곳에 계신 분이 아니다. 이스라엘의 경우를 보아서도 알듯, 하나님의 매혹적인 찬란함은 너무도 두려운 것이 사실이다. 하지만 그 찬란함도 자신과 언약을 맺게 될 백성에게 가까이 다가서고자 하시는 하나님의 긍휼과 사랑을 막아서진 못한다. 사랑하기 때문에 기쁨을 주체하지 못한 채, 자기 백성에게 끊임없이 모습을 드러내시는 분이 바로 우리의 하나님이시다!

마침 기도
Closing Prayer

아버지, 내 눈을 덮고 있는 비늘을 벗겨주셔서 참된 당신의 모습을 목도하게 하소서. 하나님의 아름다움은 보지 못한 채 그저 당신과 관련된 종교적 관례를 맹목적으로 좇는 어리석음에 빠지지 않기를 원합니다. 당신을 무서워하는 것에 싫증이 납니다. 당신의 그 사랑으로 나를 매료시키셔서 당신을 향한 나의 열정이 전과 같지 않게 하옵소서. 예수님의 이름으로 기도합니다. 아멘.

주)

1. Marvin R. Wilson, *Our Father Abraham* (Wm. B. Eerdmans Publishing Company, 1989), p.205.

2. Marvin R. Wilson, *Our Father Abraham*, p.204-206.

제5장

계명인가, 아니면 혼인 서약인가?

Commandments or a Marriage Contract?

제5장
계명인가, 아니면 혼인 서약인가?

수 세기 전, 셉투아진트(70인역)의 번역자들은 참으로 '비극적인' 실수를 범했다. '토라'(Torah)라는 단어를 '율법서'(Law)라는 말로 번역해 놓은 것이다. 겉으로만 본다면 그다지 큰 실수 같지는 않다(토라: 모세오경으로 알려진 성경의 처음 다섯 권. 창세기, 출애굽기, 레위기, 민수기, 신명기). 하지만 긴 시간이 흐르자 이 실수로 인한 파급효과가 지대하다는 사실을 알게 되었다. '토라'의 의미를 '율법'으로 해석하면서 사람들이 구약성경을 특히 십계명의 참된 의미를 곡해하게 된 것이다.

토라는 단순한 '율법 체계'가 아니다. 그 이상이다. 그러나 많은 사람은 토라를 율법으로만 생각한다. 심지어 토라 중심의 유대교를 '율법의 종교'로 오해하기까지 하는데, 사실 유대인들은 토라를 '율법'이 아닌 '가르침'(teaching)으로 받아들인다. 유대인들은 하나님께서 그분의 성품, 열정, 특성을 계시해주시고자 토라를 주셨다고 믿는다. '성경은 하나님의 마음으로 인도하는 지도'라고 생각하기 때문에 그들은 성경을 통해 하나님을 더욱 친밀히 알고 체험할 수 있다고 믿는다.

이스라엘 민족에게 계명을 주시며 이를 지키라고 명령하셨을 때, 하나님께서는 자신과의 친밀한 연합 속으로 그들을 초청하신 것이다. 하나님은 자신이 선택한 신부가 다음의 사실을 깨닫기를 원하셨다. 하나님을 향한 최고의 헌신은 단순히 그분과 함께 걷는 것이다. "사람아 주께서 선한 것이 무엇임을 네게 보이셨나니 여호와께서 네게 구하시는 것이 오직 공의를 행하며 인자를 사랑하며 겸손히 네 하나님과 함께 행하는(걷는) 것이 아니냐"(미 6:8).

토라가 다루는 주된 내용은 '법률'이나 '규제'에 대한 '순응의 필요성'이 아니다. 결코 아니다! 하나님께서 이스라엘에게 성경을 주신 이유는 그들로 하나님을 체험하게 하고 또 그들에게 하나님의 길을 이해시키기 위함이었다. 시내 산에서 주신 토라의 주된 내용은 '관계'이지 '규범'이 아니다. 앞선 장들에서 보았듯이 시내 산에서 이스라엘 민족과 하나님 사이에 오갔던 것은 단순한 '계명' 정도가 아니었다. '결혼'이었다! 엄밀히 말해서 혼인 서약이 오갔던 것이다.

그 모든 것이 사랑이다!
All About Love

유대교의 전승에 의하면 시내 산에서 일어난 일은 이스라엘 역사의 향방을 판가름할 만큼이나 중요한 일이었다. 하나님께서 일개 민족과 관계를 맺으신 사건이기 때문이다. 이스라엘 민족은 하나님의 제안을 받아들였다. 이로써 둘 사이의 새로운 연합 관계가 시작되었다. 이것은 하나님과 이스라엘이 파트너십을 공유하게 된 기념비적인 사건이었다. 당시 하나님은 이스라엘에게 '말씀'을 주셨고, 이스라엘은 하나님께 '경외심이 담긴 말씀'을 올려드렸다.

십계명이 '명령'이 아닌 '말씀'으로 시작되는 것 역시 이러한 이유에서다. "나는 너를 애굽 땅 종 되었던 집에서 인도하여낸 너의 하나님 여호와로라 너는 나 외에는 다른 신들을 네게 있게 말지니라"(출 20:2-3). 이 말씀은 이스라엘의 신랑 되신 하나님께서 다음과 같이 말씀하신 것이다. "나는 너의 주, 너의 남편이다. 나는 네가 다른 이를 사랑하는 것을 원치 않는다."

이후 주님께서는 자신의 신부에게 다음과 같이 말씀하신다.

너를 위하여 새긴 우상을 만들지 말고 또 위로 하늘에 있는 것이나 아래로 땅에 있는 것이나 땅 아래 물속에 있는 것의 아무 형상이든지 만들지 말며 그것들에게 절하지 말며 그것들을 섬기지 말라 나 여호와 너의 하나님은 질투하는 하나님인즉 나를 미워하는 자의 죄를 갚되 아비로부터 아들에게로 삼사 대까지 이르게 하거니와 나를 사랑하고 내 계명을 지키는 자에게는 천 대까지 은혜를 베푸느니라(출 20:4-6)

이것은 주님께서 이렇게 말씀하신 것으로 볼 수 있다.

"이스라엘아! 나는 네가 어디 출신인지, 이전에 어디에서 살았는지 알고 있다. 또 과거에 네가 네 마음을 어디에 두었는지, 무엇을 사모했는지도 알고 있다. 그러나 나는 애굽 사람들이 믿던 신들과 같지 않다. 나는 움직이지 않는 물체(우상)가 아니다. 나무나 돌을 깎아서 만든 신이 아니다. 나는 초월적인 존재다. 지고한 미(美)이며 선(善)이다! 그러므로 더 이상 네 마음을 저 초라한 우상들에게 두지 마라. 너와 네 후손들을 멸망시킬 마귀에게 엎드리지 마라. 나는 네 사랑과 애정을 심히 질투하는 하나님이니 내게 엎드리고 온 마음을 다해 나를 사랑하라."

　이후 하나님께서는 이스라엘을 향해 이렇게 말씀하셨다. "너는 너의 하나님 여호와의 이름을 망령되이 일컫지 말라 나 여호와는 나의 이름을 망령되이 일컫는 자를 죄 없다 하지 아니하리라"(출 20:7). 하나님께서 이스라엘에게 프러포즈하신 것이다! 오직 하나님만을 사랑할 것을 맹세하게 하신 거룩한 혼인 서약이다. 마치 결혼식 중 신부가 "나 누구누구는 누구누구를 신랑으로 맞아…"라고 서약하는 것처럼 하나님 역시 신부 이스라엘로 하여금 자신의 이름을 거룩하게 받들도록 명령하셨다. 하나님은 이스라엘 민족이 과거를 뒤로하고 하나님 안에서 새로운 정체성을 발견하기를 기대하셨다. 이제 이스라엘은 하나님이 주신 반지를 끼고 하나님의 이름을 받들며 그의 신부가 되었다. 이 세상 모든 나라가 이 결혼의 증인이 되었다.

　하나님께서는 이스라엘이 그분의 이름을 망령되이 일컫지 않기를 바라셨다. 그들이 마치 하나님의 말씀을 듣지 못한 것처럼 행동하거나 또 미혼인 척 하나님 이외의 '다른 남자'에게 마음을 여는 등 이스라엘이 이러한 짓들을 행함으로 그분의 이름이 헛되이 일컬어지는 것을 금하셨다.

　이어지는 하나님의 가르침은 다음과 같다.

안식일을 기억하여 거룩히 지키라 엿새 동안은 힘써 네 모든 일을 행할 것이나 제칠 일은 너의 하나님 여호와의 안식일인즉 너나 네 아들이나 네 딸이나 네 남종이나 네 여종이나 네 육축이나 네 문안에 유하는 객이라도 아무 일도 하지 말라 이는 엿새 동안에 나 여호와가 하늘과 땅과 바다와 그 가운데 모든 것을 만들고 제칠 일에 쉬었음이라 그러므로 나 여호와가 안식일을 복되게 하여 그날을 거룩하게 하였느니라(출 20:8-11)

사실 안식일 준수는 특정한 날을 기념하여 지키라는 강압적인 명령이 아니었다. 백성에게 종교적인 부담을 안겨주려고 하나님이 고안해낸 방편도 아니었다. 안식일의 정수는 예수님의 말씀에 담겨있다. "안식일은 사람을 위하여 있는 것이요 사람이 안식일을 위하여 있는 것이 아니니"(막 2:27 참조).

물론 안식일이 '쉬는 날'로 지켜지긴 했지만 '육체노동으로부터 해방되는 하루 휴가'로 고안된 것은 아니다. 신랑이 선사하는 사랑과 안정감을 느끼며 신부가 평안히 쉴 수 있기를 바라는 하나님의 갈망이 안식일의 핵심이다. 그러므로 하나님께서 이스라엘에게 말씀하신 '안식'은 '친밀함의 안식'이다. 다시 말하지만 이스라엘 민족은 단지 특정한 날을 정해 그날을 기념하고 그날을 소중히 여기도록 명령받은 것이 아니다. 안식일을 제정하여 그것을 지키도록 명령하신 '그분'을 존경하고 경외하도록 명받은 것이다. 안식일은 '명령'이라기보다 '관계'다.

모든 백성이 왕 되신 주를 기념하는 날, 놀라운 공동체 생활을 축하하는 날이 바로 안식일이다. 천지창조의 마지막 날, 여호와 하나님께서 안식하셨다는 사실을 기억하는가? 그러나 하나님은 육 일간의 육체노동에 힘겨워 일곱 번째 날 하루를 휴가 내신 것이 아니다. 하나님께서는 육일 동안 자신이 만든 모든 것을 돌아보시기 위해 멈추신 것이다. 즉 안식하신 것이다. 하나님은 손수 지으신 만물을 바라보며 즐기기를 원하셨다. 또 자신의 영광을 위해 창조한 두 사람과 사랑을 나누며 기쁨을 만끽하기를 원하셨다.

지금도 유대인들은 하나님을 기뻐하며 그가 선사하신 생명을 즐거워하는 날로 안식일을 지키도록 교육하고 있다. 이날 부모는 자녀와 함께 즐거운 시간을 보내도록, 또 부부는 친밀함을 누리도록 권유받는다. 안식일은 하나님의 사랑과 그 안전함 속에서 편안히 쉬는 날이다. 그 결과 사람들은 생명으로 가득 찬 풍성한 삶을 영위하게 된다.

생각의 변화
A Change of Thinking

전통적인 견해에 따르면 십계명 중 처음 네 조항은 하나님과의 관계를, 나머지 여섯 계명은 사람 사이의 관계를 규정한다. 나 역시 이러한 접근법에 동의한다. 그런데 나는 여기에 더하여 후반부 여섯 계명의 배후에 '결혼의 주제'가 자리한다고 믿는다.

하나님께서 "네 부모를 공경하라 그리하면 너의 하나님 나 여호와가 네게 준 땅에서 네 생명이 길리라"(출 20:12)라고 말씀하셨을 때, 단지 자녀들이 꼭 지녀야 할 효심에 대해서 말씀하신 것이라고는 생각하지 않는다. 물론 자녀가 부모를 공경하고 사랑하고 또 부모에게 순종하는 것은 건강한 가정생활의 필수조건이다. 그러나 하나님께서는 이 계명을 통해 무언가 더 중요한 내용을 말씀하신다고 나는 생각한다.

이 계명을 주심으로써 하나님은 아브라함과 맺으셨던 언약을 이스라엘의 마음속에 재확인시켜주셨다. 그뿐만 아니라 하나님과의 결혼 서약을 지키는 것이 거룩한 유산(아브라함과 하나님이 맺은 언약)을 소중히 다루는 방법임을 가르쳐주셨다. 아브라함은 신부의 조상이다. 그렇다면 그의 딸 이스라엘은 어떤 방법으로 자신의 아비, 아브라함을 공경할 수 있겠는가? 남편(하나님)에게 정절을 다하는 것보다 딸이 자신의 부모를 공경할 수 있는 더 낳은 방법이 있겠는가?

이어지는 하나님의 가르침은 "살인하지 말지니라"(출 20:13)이다. 사실 인간은 다른 사람의 생명을 해치는 일이 나쁘다는 것을 일찌감치 알고 있었다(창 4:8-11 참조). 그럼에도 하나님께서 이스라엘에게 살인하지 말 것을 명령한 이유는 무엇인가? 이 명령을 통해 하나님께서는 이스라엘 민족에게 자신의 마음을 가르치고자 하셨다—살인은 하나님께서 단지 책망만 하시는 죄가 아니라 하나님의 전(全) 존재에 반(反)하는 죄악임을 보여주고자 하셨다. 그뿐만이 아니다. 이스라엘의 대적을 향해 하나님께서 행하신 심판의 행위를 대인(對人) 간의 살인 행위로 오해하지 않도록 하시고자 이 명령을 주신 것이다.

하나님께서는 자신의 신부가 열방을 향한 하나님의 대사(大使)이기를 원하셨다. 열방을 향해 하나님의 모습을 온전히 비춰 보이는 거울이기를 바라신 것이다. 이것은 주님께 매우 중요한 일이었다. 이 점은 모세의 삶을 보아도 확실히 알 수 있다. 많은 성도는 모세가 하나님 앞에서 화를 냈기 때문에 약속의 땅에 들어가지 못했다고 생각한다(민 20:7-12 참조). 그러나 모세가 가나안에 입성(入城)하지 못한 근본적인 이유는 그의 분노가 하나님의 심정을 잘못 대변해주었기 때문이다. 모세의 화내는 모습을 보고 이스라엘 백성이 하나님의 성품을 오해하게 되었기에 하나님께서는 모세를 가나안 땅에 들이지 않으셨다.

모세는 하나님의 대변인이었다. 하나님의 성품을 백성에게 보여주는 범례(凡例)여야 했다. 하나님은 이스라엘 백성이 자신의 주된 감정을 '분노'로 오해할까 봐 염려하셨던 것이다. 앞에서 살펴보았듯이 하나님께서는 이스라엘이 자신을 참된 사랑의 하나님으로 이해하기를 바라셨다. 심지어 심판을 내리실 때에도 그것이 이스라엘을 향한 질투심에 근간한다는 점을 이해시키고자 하셨다. 모세를 자신의 대변인으로 삼으셨던 것처럼 하나님께서는 신부 이스라엘이 열방을 향해 자신의 마음과 성품을 나타내주기를 기대하셨다.

하나님께서는 다음의 명령도 내리셨다. "간음하지 말지니라"(출 20:14). 물론 이 계명은 이스라엘의 남편과 아내가 서로에게 충절(忠節)을 다할 것을 명령하신 것이다. 하지만 나는 하나님께서 이 계명을 통해 "이스라엘은 나의 아내다"라는 사실을 피력하셨다고 생각한다. 신부 된 이스라엘이 자신에게 충절을 다할 것을 기대하셨던 하나님의 마음이 이 계명에 서려있다.

이후 "도적질하지 말지니라"(출 20:15)라는 명령이 이어졌다. 이 계명은 "네 이웃의 집을 탐내지 말지니라 네 이웃의 아내나 그의 남종이나 그의 여종이나 그의 소나 그의 나귀나 무릇 네 이웃의 소유를 탐내지 말지니라"(출 20:17)라는 열 번째 계명과 밀접하게 연관되어있다.

거룩한 혼약을 통해 하나님은 지금 막, 자신의 전 존재를 이스라엘에게 주셨다. "영원토록 신부를 사랑하겠는가?"라는 질문에 "네"라고 서약하는 신랑과 같이 하나님께서는 자신의 신부를 전적으로 책임지겠노라고 맹세하셨다. 이와 같은 하나님을 신랑으로 두었는데, 어떻게 다른 무언가(누군가)를 탐할 수 있겠는가? 그런데 왜 이스라엘은 다른 무언가를 탐했는가? 하나님께서는 신부의 '모든 것' 이기를 원하셨다! 그런데 왜 하나님께서는 이스라엘이 다른 사람의 것을 탐하거나 훔칠 것이라고 예상하셨는가? 이스라엘이 왜 그분을 전적으로 신뢰하리라는 것을 기대하지 못하셨는가? 이는 생각해볼 문제다.

마지막으로 하나님은 "네 이웃에 대하여 거짓 증거하지 말지니라"(출 20:16)라는 계명을 주셨다. 다른 계명과 마찬가지로 이 계명에 대해 우리가 알아야 할 것은 이것이다. 하나님의 관심은 백성이 자기의 '명령' 대로 행하는 것에 있지 않다. 하나님은 백성이 열방을 향해 하나님의 '전 존재'를 나타내주기를 원하셨다. "하나님은 인생이 아니시니 식언치 않으시고 또 인자(인간의 후예)가 아니시니 마음을 변개치 않으신다"(민 23:19 참조). 이러한 이유로 하나님께서는 자신의 아내 역시 모든 영역에서 참되고 충직하기를 바라셨다. 자신의 아내가 자신의 모습을 정확하게 투영해주기를 바라신 것이다.

무시된 보화
An Overlooked Treasure

이쯤해서 독자들 가운데 몇몇은 앞서 설명했던 결혼 관련 용어 및 신랑 신부와 관련된 비유와 상징들을 다시 한 번 상기해볼지도 모르겠다. 아니면 아직도 성경의 핵심 내용이 하나님과 인간 사이의 영원한 로맨스라는 사실을 이해하는 데 어려움을 느낄지도 모른다. 어쩌면 이러한 독특한 시각으로 성경, 특히 구약성경을 바라봐야 하기 때문에 머릿속이 복잡할 수도 있겠다.

충분히 이해한다. 구약의 많은 부분이 오늘날 크리스천의 삶과 무관하다는 생각을 갖고 자라났기 때문에 이 책을 읽으면서 머릿속이 복잡하다고 느낄지도 모른다. 어쩌면 당연한 결과일 것이다. 유대교의 성서를 '구약'(오래된 성경)이라고 부르는 관행도 여기에 일조했다고 볼 수 있다. 구약(Old Testament)이라는 명칭에는 히브리어로 기록된 성경을 '시대에 뒤처진 책'으로 간주하게 만드는 강력한 뉘앙스가 담겨있다. 만일 교회가 애초부터 구약에 해당하는 부분을 '원형의 언약'(Original Testament)이나 '첫 번째 언약'(First Testament)으로 명명했다면 상황은 지금보다 훨씬 나았을 것이다. 예수님과 사도들은 성경의 전반부 서른아홉 권을 시대에 뒤처진 책이나 낡은 서적으로 생각하지 않았다.

구약성경에 대한 일반적인 무관심, 심지어 기피 현상에 일조한 요소들이 몇 가지 더 있다. 첫째, 구약의 방대한 스케일이 우리의 마음을 불편하게 한다. 구약은 두껍다! 여기에 수백 명의 등장인물이 가세한다. 어렵기 그지없는 장소명과 인물명이 수없이 출몰하여 우리를 위협한다. 게다가 셀 수 없을 만큼 많은 수의 종족 이름까지 나온다. 이스라엘의 주변을 둘러싼 수많은 이방 나라의 명칭, 또 수천 년의 역사를 품은 긴 족보와 연대기는 어떤가? 이 모든 요소가 한데 어우러져 우리의 마음을 짓

누를 때, 우리들 중 몇몇은 "구약은 지루해. 전혀 흥미롭지 않군"하며 구약성경에서 손을 떼고 만다.

둘째, 구약성경이 아우르는 시대의 언어가 생소하다. 그동안 우리는 구약성경이 유대인들을 위한, 유대인들에 관한 책이라고 배웠다. 그렇게 구약성경을 과거의 기록이자 이전 세대(dispensation)의 역사적 사건만을 다룬 책으로 이해해왔다. 게다가 구약성경에는 히브리인들의 시가(詩歌)문학 및 가지각색의 은유로 가득할 뿐만 아니라 고대 근동 지역의 사고방식이 담겨있기에 성경은 그토록 이해하기가 어려운 책으로 다가왔다.

셋째, 논란의 여지가 있는 내용들 때문에 많은 사람이 구약에 의문을 던진다. 노예제도, 일부다처제, 폭력적 행위들이 허용되는 구절들을 읽을 때마다 우리의 마음은 무거워졌다. 이러한 이유로 구약성경에 하나님과 이스라엘 사이의 거룩한 로맨스, 거룩한 결혼의 주제가 담겨있다는 것이 믿기지 않는 것이다.

넷째, 그동안 교회는 구약과 신약의 연관성보다는 그 둘의 혁혁한 차이점을 부각하여 과장하는 우를 범해왔다. 이는 아주 오랫동안 반복된 문제다. 초대교회가 점점 헬라 철학과 비(非)유대교적 사고방식에 영향을 받게 되면서, 구약과 신약 사이의 차이점 혹은 명백한 대조점들이 강조되어온 것이다. 구약과 신약의 차이점을 강조한 예는 수없이 많다. "구약은 신약과 반대다." "진노의 책(구약)은 사랑의 책(신약)과 다르다." "구약의 '율법'과 신약의 '은혜'는 구별되어야 한다." 그뿐만 아니라 "신약이 구약을 폐기했다", "신약은 구약보다 낫다"라는 말도 들어왔다.

이제 신약이 더 낫다는 선입견을 견지한 채, 수많은 크리스천은 구약을 신약과는 다른 별개의 성경으로 받아들이기에 이르렀다. 참으로 슬픈 결과가 아닐 수 없다.

마지막으로, 서구 문화권에 살고 있는 우리 크리스천들이 히브리식 사고 구조를 온전히 이해하기란 매우 어려운 일이다. 이러한 딜레마의 발생은 우리가 고대 헬라 철학 특히 플라톤(Platon) 사상의 압도적인 영향 아래에서 살고 있기 때문이다. 수 세기에 걸쳐 동구권과 서구권의 문화적 간격이 커졌다.

헬라(희랍) 철학 Vs. 히브리식 사고 구조
Greek Philosophy Vs. The Hebrew Mind

기독교의 전성기가 시작될 무렵, 서구 세계는 교회의 사고 구조를 재편하기 시작했다. 물론 최초의 교회 공동체는 히브리 문화를 등에 업고 탄생했다. 하지만 시간이 흐르자 헬라 철학의 영향력이 기독교의 저변에 스며들기 시작했다. 2세기 중반 무렵, 교회는 이미 유대교의 뿌리를 떠나 헬라적 세계관을 끌어안았다.

예를 들어, 초대교회 교부 중 한 명이었던 저스틴 마터(Justin Martyr, 순교자 유스티누스)는 기독교인이 되기 전, 유명한 헬라 철학가 플라톤의 영향을 크게 받았다. 기독교인이 된 후 저스틴 마터는 상당량의 플라톤 사상을 자신이 주창한 기독교 교리에 접목하였다. 유대인을 그리스도께로 인도하는 데 히브리 성경이 사용되었듯, 헬라인에게 복음을 전하기 위해 저스틴 마터는 플라톤 사상을 붙들었다. 3세기에 이르자 클레멘트(Clement)를 위시한 알렉산드리아 출신의 교부들은 플라톤 사상의 관점으로 성경을 읽어나가는 태도를 피력하기 시작했다. 이들은 저스틴 마터보다 헬라 철학의 중요성을 더욱 강조했던 것이다.

기독교 신학의 아버지로 불리는 오리겐(Origen, 오리게누스) 역시 알렉산드리아 학파를 이끌었던 헬라 철학자였다. 기독교 사상사(思想史)에 만연한 플라톤 철학의 영향력은 실로 지대했다. 안타깝게도 헬라 철학사조 및 플라톤의 저서들은 수 세기에 걸쳐 교회에 비극적인 결과를 가져다주었다. 특히 인생, 구원, 영성, 결혼을 바라보는 관점에 큰 악영향을 미쳤다.

여기에서 잠시 플라톤의 사상을 살펴보자. 플라톤은 이 세상이 둘로 나뉜다고 믿었는데 두 세계란 보이는 물질세계와 보이지 않는 영적세계였다. 두 세계는 서로 상반된다. 그런데 플라톤은 물질세계를 불완전하다고 보았다. 그러므로 물질세계는 영적인 세계보다 열등하다. 플라톤은 악을 '완전치 못한 것'으로 규정하고 그 근원을 '불완전한' 물질세계로 보았다.

플라톤은 인간의 혼이 천상의 영역(영적 세계)으로부터 기원했다고 가르쳤다. 천상에서 기원한 혼이 물질계로 내려온 것-그것이 플라톤이 가르친 '인간의 기원'이다. 인간은 이 세상에서 각각의 두 세계(물질, 영혼)와 연관되어 살아가지만, 그들은 자신의 혼이 육체의 몸을 벗고 다시금 천상의 영역으로 회귀하기를 소망한다.

플라톤은 인간의 육체를 '혼(soul)의 감옥'에 비유했다. 즉 플라톤 사상에서 우리의 몸은 혼을 가둬놓는 감옥일 뿐이다. 불멸의 혼(혹은 순수한 정신)은 곧 붕괴될 진흙의 몸, 결함을 지닌 육체의 감옥에 투옥되어있다. 그러므로 플라톤 사상에서 구원은 '죽음'을 통해 이뤄진다. 육체가 죽음을 맞을 때, 인간의 혼은 몸뚱어리로부터 탈출하여 보이지 않는 복된 세계인 천상을 향해 승(昇)하게 된다.

고대 헬라인들이 물질세계를 악하게 본 것과 달리 유대인들은 물질세계를 선하게 보았다. 비록 아담의 '타락'(The Fall)에 영향을 받아 이 땅 역시 타락한 것이 사실이지만, 이 세상은 사랑의 하나님께서 창조하신 세계라고 믿었다. 하나님께서는 인간이 살 수 있는 최상의 환경으로 이 세상을 빚으셨다. 그러므로 히브리 사상에서 물질세계는 '좋은 것', '선한 것'으로 여겨졌다. 물질세계를 떠나는 것이 인간의 최종 목표인 플라톤 사상과 달리 히브리 사상에서 인간은 이 땅에서 하나님과 교제하며, 그분의 사랑과 열정을 경험하도록 부름 받은 존재다. 히브리적 사고에 의하면, 피조세계는 악하지 않다. 또한 피조계는 영적인 세계를 대적하지도 않는다.

히브리 사상은 인간이 생령(살아있는 영, living spirit)임을 가르친다. 인간은 물질세계에서 살며 열정적으로 하나님을 사랑하고 하나님을 섬기도록 부름 받은 존재다. 그러므로 사람을 '혼을 가지고 육체 안에서 살아가는 영'으로 이해하는 것은 히브리 사상이 아니다.

히브리 사상에서 '영'(spirit)은 사람 안에서 발견되는 하나님의 형상을 가리킨다. 또한 이 영은 생명의 근원을 지칭한다. 반면 '혼'(soul)은 사람 자체를 가리킨다(헬라 철학에서 '혼'은 사람을 구성하는 두 요소[육체와 혼] 중 하나이지만, 히브리 사상에서 '혼'은 사람을 구성하는 일부 요소가 아니다. 그 사람의 전 존재를 지칭한다-역자 주). 하나님께서 이 땅의 티끌로 사람의 형체를 만드시고 그 안에 자신의 생기(생명)를 불어넣으셨을 때, 사람은 살아있는 존재, 숨 쉬는 존재(생령)가 되었다.

헬라 철학은 어쩔 수 없이 금욕주의를 끌어안을 수밖에 없다. 오늘날에도 교회 안에는 이러한 형태의 금욕주의적인 삶의 모습이 다양한 양상으로 존재한다. 금욕주의는 삶의 가치를 하락시킨다. 금욕주의적 사고 체계에서 육체적 필요들을 호소하는 인간의 몸은 악한 것으로 간주되기 때문에 규율과 규제의 채찍으로 끊임없이 통제해야만 한다. 그러므로 영적 생활을 방해할 가능성이 있는(실제로 방해가 되는지 안 되는지 모르는 상태에서) 쾌락이나 즐거움은 절대로 추구할 수 없다. 대신 금욕적인 절제, 무소유, 침묵, 은둔 등의 방법을 통해 다양한 육체적·물질적 쾌락을 버리는 삶이 추앙되었다. 금욕이야말로 악한 육체를 통제하는 삶의 방편이기 때문이다.

사도 바울은 이러한 삶을 거부했다. 그러나 "곧 붙잡지도 말고 맛보지도 말고 만지지도 말라" 하는 금욕주의는 기독교 사상사 속에 깊이 뿌리박힌 채 지금까지 남아 그 모습을 나타내고 있다(골 2:21 참조). 종교개혁 시대에도 금욕주의의 영향이 계속되었다. 그 당시 기독교는 이웃을 사랑하는 신앙이 아닌, 사순절 기간 동안 치즈와 버터를 먹지 않는 종교로 정의되었다.

부흥사이자 감리교 운동의 창시자인 존 웨슬리(John Wesley)는 자신이 주창한 '완전한 성화의 신학'(theology of perfection)을 통해 일종의 금욕주의를 설파하기도 했다. 그는 이렇게 기술했다.

> 우리는 하나님 이외의 다른 것을 갈망하는 데 대하여 경각심을 가져야 합니다… 음식 섭취에서 오는 기쁨, 또는 여러 종류의 감각적인 쾌락, 이를 테면 시각적인 즐거움, 새로운 것, 아름다운 것, 큰 것을 상상하며 느끼는 즐거움들을 갈망하지 마십시오… 이 세상의 피조물로부터 얻을 수 있는 행복을 추구해서는 안 됩니다.[1]

표면적으로 금욕주의적인 태도는 굉장한 '영성'으로 보이기도 한다. 그러나 전체 성경이 담아내는 주제는 금욕주의와 다르다. 물론 성경이 물질로 인한 폐단을 무시한다는 이야기가 아니다. 좋은 것(물질)들이 악용되거나 남용될 수도 있다. 물질이 하나님과 사람 사이의 관계를 와해시킬 수도 있다(딤전 6:9-10 참조). 육체적인 열망과 물질의 소유욕에 사로잡히는 경우도 생길 것이다. 그러나 이러한 폐단에 대해 성경이 제시하는 해결책은 금욕도, 그러한 욕구에 대한 외면도 아니다. 대신 성경은 하나님이 주신 놀라운 선물의 청지기로서 인간을 그린다. 인간이 그 모든 물질과 소유를 본래의 주인이신 하나님께 되돌려 드릴 것(헌정)도 이야기한다.

유대인들이 이해하는 '영성'의 개념은 개인의 '내적 성향 개발', 혹은 '내면 중시'가 아니다. 진정한 헌신은 경건의 훈련을 통해 스스로를 살찌우는 것이 아니다. 진정한 영성은 '온전한 인간'이 되는 것이다. 하나님과 인류를 섬기고자 하는 열정에 세포 조직 하나하나가 힘을 입어 살아 움직일 때, 우리는 참된 '인간'이 된다. 또한 그것을 참된 '영성'이라고 부른다. 히브리 민족은 삶에 무관심하라고 하거나 삶이 지루한 것이라고 가르치는 일이 없다. 이들에게 영적인 삶과 세속적인 삶에는 차이가 없다. 영적인 영역, 세속적인 영역 모두가 하나님의 세계다. 그러므로 죄책감이나 부끄러움 없이 각각의 세계에서 즐거움을 추구하는 일이 가능하다. 하나님의 피조계를 관리하는 청지기로서 인간은 이 세상을 살아가면서, 하나님의 목적에 부합된다면 언제든지 이 세상 만물을 사용할 수 있다.

히브리 사상에서 육체노동은 '존귀'와 '근엄'의 자리로 격상된다. 유대인들은 하나님이 주신 직업을 '하나님께 영광 돌리는 수단'으로 이해한다. 그들에겐 일하는 것 자체가 예배다. 고대 히브리인들은 성직(聖職)과 비성직(非聖職)을 구분하지 않았다. 그래서 바울은 "무슨 일을 하든지 마음을 다하여 주께 하듯 하고 사람에게 하듯 하지 말라"(골 3:23)고 말했던 것이다.

'장차 다가올 세상'에 과대한 관심을 두고 그 세계에서 누릴 즐거움을 너무도 중시했기 때문에 수많은 크리스천이 현세(現世)의 중요성을 등한시한 경향이 없지 않다. 안타깝게도 이 세상에서의 짧은 삶 동안 하나님을 영화롭게 할 수 있는 천금 같은 기회가 무시되는 것이다. 물론 현세에서의 만족과 즐거움은 결코 '삶의 목적'이 될 수 없다. 하지만 육체적 즐거움, 인생의 물질적 측면을 통해서도 하나님의 마음에 합한 기쁨을 누릴 수 있다. "그런즉 너희가 먹든지 마시든지 무엇을 하든지 다 하나님의 영광을 위하여 하라"(고전 10:31).

헬라 철학은 인간의 육체가 혼(정신)보다 열등하다고 가르친다. 그리고 육체와 혼이 쉬지 않고 싸운다고 말한다. 게다가 육체는 부패하기 쉽기 때문에 죄의 원천으로 여긴다. 따라서 교회의 리더십이 유대 출신 지도자로부터 헬라 철학의 영향을 받은 이방인으로 교체되었을 때, 결혼은 부정적인 행위이자 열등한 삶의 방편으로 전락하게 되었다.

독신의 서약을 한 수도사들은 결혼이 가져다주는 육체의 즐거움을 거절했기 때문에 하나님과 가장 친근한 사람으로 간주되었다. 독신으로 살아가는 사제들은 '육체의 죄악 된 소욕'을 거절한 사람들로 간주되었기에 크리스천이 따라야 할 모범으로 추앙되었다. 어떤 영지주의자들은 결혼을 가리켜 '그릇되고 오염된 삶의 방편'이라고 말하기도 했다. 심지어 이들은 '결혼한 사람은 결코 영생에 들어갈 수 없다'는 가르침을 전하기까지 했다.

5세기의 교부 어거스틴(Augustine)은 "만일 히브리의 족장들(아브라함, 이삭, 야곱, 그리고 그의 열두 아들을 가리킴-역자 주)이 성행위를 하지 않았다면, '생육하고 번성하라'는 하나님의 명령을 더 잘 지킬 수 있었을 것이다"라고 가르쳤다. 그러나 성행위 없이 생육하고 번성하는 것은 불가능하다. 그래서 어거스틴은 이렇게 덧붙였다. "그들은 성을 탐닉하지 말아야 했다. 성행위를 싫어하지만 의무적으로, 어쩔 수 없이 해야 하는 일을 하듯, 그렇게 아내와 잠자리를 같이 해야 했었다." 마틴 루터(Martin Luther)는 결혼을 어떻게 보았는가? 그는 '통제할 수 없는' 성적 욕망을 잠재우는 치료제로서의 일차적 기능을 강조하였다.

그러나 성경은 결혼이 거룩하고, 명예롭고, 성스러운 것임을 확증해준다(딤전 4:3-4, 히 13:4 참조). 유대인들은 육체와 성욕을 악하거나 수치스러운 것으로 여기지 않는다. 독신 상태를 이상적인 인간의 존재 방법이나 최상의 상태라고 가르치지 않는다. 오히려 유대인들의 시가문학인 아가서는 인간의 성(性)과 사랑을 대담한 언어로 표현하며 칭송하고 있다.

중세시대 때 구원의 개념은 이 세상과의 결별을 의미했다. 사람들은 이생으로부터 구출될 때 구원이 임한다고 믿었다. 당시 수많은 사람이 가난, 기근, 질병과 폭력으로 목숨을 잃었다. 사람들은 저마다 이처럼 타락한 세상으로부터 벗어나기 원했기 때문에 그들에게 이러한 신학(구원론)은 매력적이었다. 오늘날까지도 이 구원론은 영향력 있는 신학으로 남아있다.

이와 반대로 유대인들은 이 세상에서 벗어나는 것을 구원이라고 생각하지 않았다. 그들은 이 세상에서의 삶과 결별하기보다는, 이 세상에 살면서 하나님을 알고 또 그들의 삶과 사회를 변화시키는 하나님의 능력과 임재를 경험하고자 했다. 그들은 세상과의 결별이 결코 영원한 해결책을 가져다줄 수 없다는 사실을 잘 알고 있었다. '하나님의 백성'이라는 강력한 자아 정체성 때문에 유대인들은 세상과 사회를 변화시키고자 노력했다. 다른 사람들로부터 고립되지 않기 위해 노력했다. 그들은 '손'의 노동과 '입술'의 찬양으로 하나님을 사랑하고, 하나님을 경외하는 것이 인간을 향한 지고(至高)한 부르심임을 알았다.

오늘날의 수많은 크리스천은 '믿음'을 생각의 산물로 여긴다. 그들은 '믿는 행위' 혹은 '신뢰하는 행위'를 진리에 대한 '지적(知的) 동의'로 간주한다. 하지만 유대인들은 믿음을 다른 각도에서 보았다. 히브리 사고방식에 의하면 '믿음'은 '충성'이다. 그들에게 믿음은 신뢰를 바탕으로 살아가는 '삶'을 가리킨다. 구약성경 가운데서 가장 큰 전환점이 된 구절들 중 하나는 하박국서 2장 4절의 말씀이다. "그러나 의인은 믿음(충성)으로 말미암아 살리라"(괄호 안 단어는 저자 첨가).

히브리 민족에게 '믿음'은 하나님과의 친밀함을 통해 나타나는 '삶'의 모습이다. 또한 충성심과 성실함을 근간으로 한 남편과 아내의 관계다. 신부가 미래에 대한 불안과 두려움에 얽매이는 대신 자신의 남편을 의지하기로 선택하는 것이 바로 믿음이다. 유대인이 인정하는 '믿음의 삶'은 친밀함 가운데서 하나님을 기뻐(enjoy)하며 생명을 담대하게 즐거워하는(celebrate) 삶이다.

작가 존 스퐁(John Spong)은 이렇게 말했다. "성경은 히브리인의 이야기를 전해주는 히브리인의 책이다. 예수님은 히브리 출신의 주님이시다. 반면 우리는 서구 문화권 출신의 사람들로 다양한 뿌리에서 비롯된 다채로운 유산(때때로 논란을 일으키는 다양한 유산)을 소유하고 있다. 그러므로 오늘날을 살아가는 우리가 성경을 제대로 이해하려면, 먼저 삶에 대한 '히브리인의 눈', 삶을 향한 '히브리인의 태도'를 계발해야 한다."[2]

본연의 기록 목적대로 성경을 이해하고자 한다면 우리의 서구적 사고 구조가 히브리인의 사고 구조로 바뀌어야 한다. 성경을 하나님의 형상[3]대로 지음 받은 인간, 그리고 열정적인 하나님 사이의 사랑 이야기로 받아들일 때 비로소 하나님의 말씀을 제대로 이해할 수 있다.

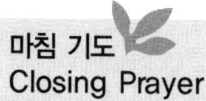
마침 기도
Closing Prayer

아버지, 내 마음이 잠에서 깨어 구원의 로맨스를 깨닫게 되기를 진심으로 갈망합니다. 주님의 마음을 이해하지 못하도록 방해하는 모든 선입견으로부터 나를 건져주세요. 주님의 길과 방법에 대해 배운 것들을 온전히 소화해내기 원합니다. 내게 이해할 수 있는 능력을 주옵소서. 또한 성경이 기록된 본래의 의도대로 당신의 말씀을 이해할 수 있도록 나를 도와주세요. 예수님의 이름으로 기도합니다. 아멘.

주)

1. John Wesley, *The Works of John Wesley* (Grand Rapids: Zondervan Publishing House, 1958–59, 11:432.

2. John Shelby Spong, *This Hebrew Lord* (New York: Seabury Press, 1974), p.31.

3. Marvin R. Wilson, *Our Father Abraham* (Wm. B. Eerdmans Publishing Company, 1989), p. 110–111, 166–190.

제6장

영원히 신실하신

Forever Faithful

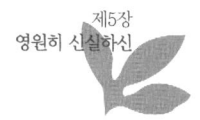

제5장
영원히 신실하신

　시내 산에서의 경험은 호화롭고 아름다울 뿐만 아니라 성스러운 경험이었다. 또한 하나님과 이스라엘을 연합시키는 경험이었다. 미래의 신부에게 프러포즈하시며 하나님께서는 자신의 언약이 해와 달과 별들의 빛처럼 변치 않을 것임을 약속하셨다(렘 31:35-36 참조). 자신의 손바닥에 이스라엘을 새기시며(사 49:16 참조) 하나님께서 말씀하셨다. "내가 네게 장가들어 영원히 살되…"(호 2:19 참조)

　하나님과 선택받은 백성 사이에 성사된 결혼은 '배타적 헌신'을 전제한다. 하나님에게는 다른 어떤 누구도 이스라엘과 같을 수 없고, 이스라엘도 마찬가지다. '배타적 헌신'을 서약했기에 둘의 사랑과 애정 사이에 끼어들 만한 상대는 없다. 시내 산에서 주님은 이스라엘에게 말씀하셨다. "세계가 다 내게 속하였나니(속하였으나)…너희는 열국 중에서 내 소유가 되겠고…"(출 19:5 참조) 하지만 하나님은 이러한 말씀도 주셨다. "너는 나 외에는 다른 신들(다른 연인들)을 네게 있게 말지니라"(출 20:3, 괄호 안 어구는 저자 첨가). 어떤 사람은 일부일처제가 단조로운 삶, 지루한 삶의 원인이라고 말하지만 오직 일부일처의 연합만이 지속되는 결혼생활의 동력이다. 배우자가 아닌 다른 사람의 품에서 사랑을 찾고자 할 때 '하나 됨'의 언약 관계는 파괴된다.

　하나님께서 이스라엘에게 청혼하시고 혼인 서약문을 제시하셨을 때, 이스라엘은 서약문의 내용에 동의했고 그대로 지킬 것을 맹세했다

(출 19:8). 유대 문화권에서 한 사람의 말은 그의 약속(맹세)과 같다. 결혼 서약문이 낭독되었을 때, 이스라엘 백성이 "네"라고 대답한 것은 수많은 규범과 율법을 그저 형식적으로 따르겠다는 다짐이 아니었다. 이스라엘은 자신을 신부로 삼아주신 바로 그분께 사랑과 존경을 표하며 순종할 것을 약속한 것이다.

시내 산에서 주님은 이스라엘에게 일방적으로 "내 아내가 되라!"라고 말씀하시지 않았다. 그분 역시 이스라엘에게 남편이 될 것을, 즉 자신을 온전히 내어주실 것을 약속하셨다. 이스라엘의 남편으로서 반드시 지켜야 할 의무를 다하겠다는 약속도 건네셨다.

전례에 따르면 '케투바'(ketubah)로 알려진 결혼 서약은 신부를 얻기 위해 신랑이 준비해야 할 품목과 신부의 값을 책정해놓은 구체적인 계약이다. 앞선 장에서 이것을 다루었다. 신랑이신 하나님도 마찬가지였다. 시내 산에서 하나님은 이스라엘을 신부로 삼으심과 동시에 그들의 모든 필요를 채우시겠다고 약속하셨다. 이 세상의 그 어떤 나라보다 자신의 아내 된 나라를 더욱 존중하고 높이겠다고 선언하셨다.

하나님의 이름
What's in a Name

신부에게 헌신하겠다는 언약을 강조하시기 위해 하나님께서는 이스라엘에게 그분의 다양한 이름을 알려주셨다. 성경이 기록된 시대에서 한 사람의 이름은 그 사람의 성격과 품성을 나타내주는 지표였다. 하나님은 자신의 이름을 스스로 지으셨는데, 하나님의 다양한 이름들을 통해 이스라엘은 하나님의 뜻을 깨달을 수 있었다. 자신의 이름을 계시하시면서 하나님은 이스라엘에게 "내가 너의 하나님이 될 것이다"라는 뜻을 전달하고자 하셨다.

여호와 이레
Yahweh Yireh

아브라함과 언약을 맺으신 후 몇 해가 지났을 때였다. 하나님은 아브라함의 헌신을 시험하시고자 그에게 아들 이삭을 바치라고 요구하셨다. 하나님께서는 아브라함이 누구를 가장 사랑하는지 확인해보고 싶으셨던 것이다―아들과 하나님, 둘 중 누구를 더 사랑하는지 말이다. 아브라함이 하나님과 언약 관계를 맺었다는 말은 "아브라함의 모든 소유가 곧 하나님의 소유이다"라는 뜻과 같다. 하나님의 명령에 아브라함은 순종했다. 자신의 아들을 희생제로 바치려 했다. 칼을 집어 들어 아들의 심장을 향해 내리꽂으려는 순간, 하나님께서 아브라함을 멈추셨다. "아브라함이 눈을 들어 살펴본즉 한 수양이 뒤에 있는데 뿔이 수풀에 걸렸는지라 아브라함이 가서 그 수양을 가져다가 아들을 대신하여 번제로 드렸더라 아브라함이 그 땅 이름을 여호와 이레라 하였으므로 오늘까지 사람들이 이르기를 여호와의 산에서 준비되리라 하더라"(창 22:13-14).

그는 하나님께서 이미 또 다른 희생 제물을 준비하셨음을 깨달았다. 그래서 그 장소를 일컬어 '여호와 이레'라고 하였다. 그 뜻은 '공급하시는 하나님'이다. 하나님께서는 아브라함과 그의 후손들에게 자신이 '진정한 공급자'(계약서에 명시된 참된 공급자)임을 알려주시려고 모리아 산에서 이와 같은 일을 행하신 것이다.

아브라함이 살던 당시에는 계약의 실효성을 보장하고자 자신보다 더 영향력이 많은 사람, 혹은 계약 금액보다 더 큰 금액의 물건으로 보증을 세우는 것이 관례였다. 보통 일반인들은 왕의 이름으로 계약을 성사시키곤 했는데, 이는 계약상의 문제가 생길 경우 '왕이 개입하여 중재할 것이다' 라는 의미다.

그렇다면 하나님은 누구의 이름으로 맹세를 해야 하는가? 하나님보다 능력이 많고 더 위대한 존재가 없는 판국에, 하나님은 누구를 찾아야 하는가? 하나님은 자신의 이름 외의 다른 어떤 누구의 이름으로도 맹세하실 수 없다. 이것이 히브리서 6장에 기록된 말씀의 내용이다.

> 하나님이 아브라함에게 약속하실 때에 가리켜 맹세할 자가 자기보다 더 큰 이가 없으므로 자기를 가리켜 맹세하여 가라사대 내가 반드시 너를 복 주고 복 주며 너를 번성케 하고 번성케 하리라 하셨더니…사람들은 자기보다 더 큰 자를 가리켜 맹세하나니 맹세는 저희 모든 다투는 일에 최후 확정이니라 하나님은 약속을 기업으로 받는 자들에게 그 뜻이 변치 아니함을 충분히 나타내시려고 그 일에 맹세로 보증하셨나니 이는 하나님이 거짓말을 하실 수 없는 이 두 가지 변치 못할 사실을 인하여 앞에 있는 소망을 얻으려고 피하여 가는 우리로 큰 안위를 받게 하려 하심이라(히 6:13-14, 16-18)

생각해보라. 아브라함이 번제에 쓸 제물을 필요로 했을 때, 하나님께서 양을 제공해주셨다. 양을 제공하시면서 하나님은 아브라함과 그의 모든 후손에게 "나는 너희의 모든 필요를 채워주는 공급자다"라고 말씀하셨다. 그뿐만이 아니다. 양의 공급은 장차 인류의 모든 죄를 대속하기 위한 '하나님의 이삭'(예수 그리스도)을 상징해주고 있다. 양의 공급을 통해 하나님은 인류의 속죄물로 자신의 아들을 내어주겠다는 약속을 주신 것이다. 이러한 사실이 이사야의 글을 통해 암시되었다. 그 아들에 대한 약속의 말씀이다. "나 여호와가…너(독생자 예수)를 세워 백성(이스라엘)의 언약과 이방의 빛이 되게 하리니 네가 소경의 눈을 밝히며 갇힌 자를 옥에서 이끌어 내며 흑암에 처한 자를 간에서 나오게 하리라"(사 42:6-7).

우리 대신 하나님께서는 스스로(일방적으로) 언약을 세우시고 그 언약의 보증, 그 언약의 사자(使者)로서 예수님을 보내셨다(히 7:22, 말 3:1 참조). 예수님의 보증 덕분에 하나님의 계약서에 명시된 모든 조항이 완벽하게 보장되었다. 하나님은 거짓말하실 수 없다! 신실하신 유일자, 우리 하나님은 항상 자신의 언약 의무를 온전하게 이행하신다. 하나님은 영원토록 '공급하시는 하나님'이시다.

여호와 로페카(라파)
Yahweh Roph'eka

히브리 민족이 애굽을 탈출하여 홍해를 건넌 후였다. 그들은 물 없는 사막을 삼 일이나 걸어야 했다. 목은 타들어가지만 해갈할 방법이 없는 암담한 처지를 깨닫게 되었다. 다행히도 삼 일의 여정 끝에 그들은 물을 만났다. 그러나 물맛이 썼다. 도저히 마실 수가 없었다. 이에 백성을 대신하여 모세가 하나님께 부르짖었다. 하나님께서는 한 나뭇가지를 보여주셨다. 모세가 그것을 꺾어 샘에 던졌을 때 물이 달아졌다.

하나님께서 히브리 민족에게 심오한 약속을 건네신 것은 바로 이 '마라'의 샘터에서였다. "너희가 너희 하나님 나 여호와의 말을 청종하고 나의 보기에 의를 행하며 내 계명에 귀를 기울이며 내 모든 규례를 지키면 내가 애굽 사람에게 내린 모든 질병의 하나도 너희에게 내리지 아니하리니 나는 너희를 치료하는 여호와임이니라"(출 15:26).

하나님께서 의사로서 자신을 계시하신 것도 이때였다. '네 치료자 여호와'라는 뜻을 지닌 구원의 이름 '여호와 로페카'로 스스로를 나타내신 것이다. 이는 백성이 하나님의 말씀에 순종하고 하나님을 사랑할 때, 그들의 신체적 필요를 채워주시기로 서약하신 행위와 일반이다.

이스라엘 백성이 애굽에서 탈출한 지 얼마 지나지 않아 이러한 경험을 하게 되었다는 사실에 주목할 필요가 있다. 하나님은 이스라엘이 가나안 땅으로의 여정을 시작하는 단계에서 자신을 치유자로 알리셨다. 홍해를 건넌 직후 하나님께서 주신 첫 번째 약속이 바로 '치유'였던 것이다.

하나님께서는 영원토록 자기 마음의 열정과 성품을 나타내고자 하시기에 출애굽기 15장 26절에 기록된 하나님의 서약은 오늘날을 살아가는 우리에게도 유효하다. 오래된 언약(Older Covenant)에서 하나님께서 다양한 이름으로 계시하신 자신의 모든 성품은 이후 그리스도를 통해 완성된다. 야고보서 1장 17절은 "하나님은 변개치 않으시고 회전하는 그림자도 없으신 분이다"라는 것을 알려준다. 간단히 설명하자면, 하나님은 조금도 변치 않으신다는 뜻이다. 옛 언약 아래에서 하나님이 스스로를 '여호와 로페카'로 알리셨다면 새 언약에서도 마찬가지다. '우리의 치유자' 외의 다른 존재로서 그리스도를 바라보는 것은 불가하다.

하나님이 모세에게 보여주신 나무는 예수 그리스도의 십자가를 상징한다. 그리스도의 대속을 통해 죄로 인한 '쓴' 효과(질병을 포함하여)는 완전히(법적으로) 제거되었다(사 53:4, 마 8:16-17 참조). 모세가 나뭇가지를 꺾어 쓴 물에 집어던지는 행동을 취해야 했던 것처럼, 우리 역시 십자가를 통해 주님이 제공하시는 약속들을 믿음으로 취해야만 한다.

게다가 애굽에서의 탈출과 홍해를 건넌 사건은 장차 인류가 죄와 그것의 모든 영향력으로부터 구원되는 사건을 상징해준다. 여행의 초반부터 치유와 건강의 약속으로 백성을 격려해주신 것처럼, 오늘날 하나님께서는 우리가 그리스도인의 삶을 올바르게 살아갈 수 있도록 신앙생활 초반부터 동일한 약속으로 격려해주신다.[1]

여호와 닛시
Yahweh Nissi

애굽에서 발행하여 가나안으로 향하는 여정 중, 하나님의 백성은 르비딤이라는 곳에 이르렀다. 그곳에서 이들은 에서의 후손인 아말렉과 마주하게 된다. 르비딤에 도착했을 때 마실 물이 없었던 관계로 이스라엘 백성은 이미 낙심한 상태였다. 거기에 더하여 적군과 싸워야 한다는 괴로운 마음에 그들은 소리 높여 외쳤다. "여호와께서 우리 중에 계신가 아닌가"(출 17:7 참조). 자신 앞에 놓인 위험을 헤쳐 나가고 또 적군을 무찌르기 위해서는 용기가 필요했다.

잇따른 전쟁 가운데에서 하나님께서는 이스라엘과 함께하시며 그들에게 힘을 주셨다. 마침내 이스라엘은 아말렉을 물리칠 수 있었다. 이후 모세가 "단을 쌓고 그 이름을 여호와 닛시라 하고 가로되 여호와께서 맹세하시기를 여호와가 아말렉으로 더불어 대대로 싸우리라 하셨다 하였더라"(출 17:15-16). 하나님께서 '여호와 닛시'(여호와는 우리의 깃발-승리의 보증)라는 이름으로 스스로를 계시하신 곳이 바로 르비딤이었다.

언약의 하나님은 적군 앞에서 당당히 설 수 있도록, 또 대적을 물리칠 수 있도록 이스라엘에게 힘과 능력을 부어주신 분이시다. 그분은 자신을 희생의 '어린양'으로 계시하셨을 뿐만 아니라 이스라엘을 대적하는 모든 원수를 삼킬 수 있는 '사자'로서도 자신을 나타내셨다.

르비딤에서의 이스라엘과 마찬가지로, 여호수아(Joshua) 역시 '낙심'과 '두려움'의 처절함을 뼈가 시리도록 느꼈다. 수년간 그는 모세의 심복으로서 오른팔 역할을 해왔다. 그러나 모세가 죽은 후 상황은 바뀌었다. 이스라엘을 지도할 사람이 자신임을 깨닫게 된 것이다. 이스라엘 민족이 가나안 땅에 입성할 때 소풍을 가듯 할 수 없다는 사실을, 그 땅을 차지하기 위해 커다란 전쟁을 치러야 한다는 사실을 누구보다 잘 알고 있었다. 무엇보다 이 정복 전쟁에 모세가 함께할 수 없다는 현실도 이미 파악했다.

만일 여호수아가 온전한 자신감으로 이러한 현실을 맞이했다면, 하나님께서 그에게 연거푸 "너는 마음을 강하게 하라", "담대하라"라고 명령하실 이유가 없었을 것이다. 실제로 하나님께서는 여호수아에게 아주 특별한 격려의 말씀을 전하셨다. "너의 평생에 너를 능히 당할 자 없으리니 내가 모세와 함께 있던 것같이 너와 함께 있을 것임이라 내가 너를 떠나지 아니하며 버리지 아니하리라"(수 1:5).

하나님은 어떻게 모세와 함께하셨는가? 하나님은 위대한 용사로서 모세의 곁을 지켜주셨다. 애굽을 향해 쏟아져 내렸던 재앙들을 기억하는가? 이스라엘을 추적하다가 말과 병거를 탄 채로 홍해에 빠져 죽은 애굽 군사들을 기억하는가? 이스라엘 백성이 다음의 노래를 불렀던 것은 하나님의 능력이 지닌 파괴력을 연거푸 목격한 뒤였다. "여호와는 용사시니 여호와는 그의 이름이시로다"(출 15:3).

여호와께서는 모세와 함께하시며 여호와 닛시 곧 '승리의 보증'으로서 모세를 위해 싸우셨다. 이제 그 동일한 언약을 여호수아에게 건네신다. 여호수아가 이끄는 이스라엘 군대는 여리고 성을 함락시키고 다른 모든 적군을 무찌를 수 있었다.

하나님께서 이스라엘에게 주셨던 언약은 그리스도께서 우리에게 주신 풍성한 보고(寶庫)의 열쇠였다. 예수님께서 담대히 선포하셨다. "세상 끝 날까지 내가 너희와 항상 함께하리라", "결코 너희를 떠나지도 버리지도 않으리라"(마 28:20, 히 13:5 참조). 이 말씀은 단지 예수님께서 우리 주변을 서성거리신다는 뜻이 아니다. 환난에 처한 우리에게 그저 위로의 말씀을 전해주신다는 뜻도 아니다. 자기 백성 이스라엘을 위해 싸우셨듯이 우리를 위해서도 싸우시겠다는 하나님의 다짐이다. 우리가 그리스도와 동행하는 한, 우리는 두려울 것이 없다. 하나님은 언제나 '여호와 닛시' 이시다- '하나님은 우리의 깃발' 승리의 보증이시다!

여호와 샬롬
Yahweh Shalom

하나님의 사자와 대면한 순간, 과연 목숨을 부지할 수나 있을지 심히 두려워했던 기드온(Gideon)을 기억하는가? 그에게 언약의 하나님께서 말씀하셨다. "너는 안심하라(Peace!) 두려워 말라 네가 죽지 아니하리라 기드온이 여호와를 위하여 거기서 단을 쌓고 이름을 여호와 샬롬이라 하였더라"(삿 6:23-24 참조). 하나님은 오브라(Ophrah)에서 기드온에게 '여호와 샬롬'으로 나타나셨다.

하나님은 백성이 자신을 '전부'로 받아들이기를 원하셨다. 시편 29편 10-11절에는 이러한 하나님의 갈망이 더욱 '진하게' 드러난다. "여호와께서 홍수 때에 좌정하셨음이여 여호와께서 영영토록 왕으로 좌정하시도다 여호와께서 자기 백성에게 힘을 주심이여 여호와께서 자기 백성에게 평강(샬롬)의 복을 주시리로다"(시 29:10-11). 하나님은 자기 백성이 평안의 언약 안에서 살아가기를 원하셨다. 그가 스스로를 '왕'으로 칭송한 이유가 여기에 있다. 전능한 왕의 이름으로 맺어진 언약은 반드시 이루어지기 때문이다. 하나님께서 스스로를 '왕'이라고 말씀하신 것은 백성과 맺은 모든 언약을 지키시겠다는 의지의 표현이었다. 백성을 대신하여 반드시 약속을 지키시겠다는 하나님의 갈망을 표현한 것이다. 위의 구절에 사용된 히브리의 시어(詩語)는 홍수마저 하나님의 철저한 통제 아래 있기에 신부는 익사당하지 않으리라는 사실을 생생하게 그려내고 있다.

또한 하나님께서는 우리 각 사람에게 '여호와 샬롬' 이 되기를 원하신다. '우리의 평화이신 하나님' 께서 우리에게 주시는 말씀은 이것이다. "아무것도 염려하지 말고 오직 모든 일에 기도와 간구로 너희 구할 것을 감사함으로 하나님께 아뢰라 그리하면 모든 지각에 뛰어난 하나님의 평강이 그리스도 예수 안에서 너희 마음과 생각을 지키시리라"(빌 4:6-7).

예수 그리스도는 고통, 근심, 외로움, 절망, 질병, 연약함, 무능력의 홍수를 다스리시는 왕으로서 높임을 받는다. '스스로 계신 위대한 분' (The great I AM)이신 예수님은 우리를 강건케 하시고, 또 모든 환난과 시험 가운데에서 평화를 주시고자 이 땅에 오셨다. 우리가 주님께 헌신한 것보다 주님이 우리에게 더욱 헌신하신다는 사실을 재확인시켜주시려고 우리를 찾아오셨다.

> 자기를 경외하는 자와 그 인자하심을 바라는 자들을 기뻐하시는도다 예루살렘아 여호와를 찬송할지어다 시온아 네 하나님을 찬양할지어다 저가 네 문빗장을 견고히 하시고 너의 가운데 자녀에게 복을 주셨으며 네 경내를 평안케 하시고 아름다운 밀로 너를 배불리시며 그 명을 땅에 보내시니 그 말씀이 속히 달리는도다(시 147:11-14)

'그 왕' 을 사모하는 우리들에게 하나님이 말씀하셨다.

야곱아 너를 창조하신 여호와께서 이제 말씀하시느니라 이스라엘아 너를 조성하신 자가 이제 말씀하시느니라 너는 두려워 말라 내가 너를 구속하였고 내가 너를 지명하여 불렀나니 너는 내 것이라 네가 물 가운데로 지날 때에 내가 함께할 것이라 강을 건널 때에 물이 너를 침몰치 못할 것이며 네가 불 가운데로 행할 때에 타지도 아니할 것이요 불꽃이 너를 사르지도 못하리니 대저 나는 여호와 네 하나님이요 이스라엘의 거룩한 자요 네 구원자임이라…내가 너를 보배롭고 존귀하게 여기고 너를 사랑하였은즉 내가 사람들을 주어 너를 바꾸며 백성으로 네 생명을 대신하리니 두려워 말라 내가 너와 함께할 것임이니…(사 43:1-5)

여호와 찌더케누
Yahweh Tsidkenu

(예레미야 23장 6절을 보면 '여호와는 우리의 의라'라고 번역된 문장이 나온다. 이에 해당하는 히브리 구문은 '야훼 찌더케누'로 발음된다. 야훼 찌더케누는 메시아와 예루살렘 성에 상징적으로 붙인 거룩한 이름이다-역자 주)

예레미야 23장에서 언약의 하나님은 자신을 '여호와 찌더케누'로 계시하셨다. 그 뜻은 '우리 하나님은 우리의 의!'이다. 하나님께서 이러한 이름을 알려주신 배경부터 살펴보자. 우선 하나님의 마음에서 울려 퍼지는 탄식에 귀 기울여보라. "내 목장의 양 무리를 멸하며 흩는 목자에게 화 있으리라"(렘 23:1).

선지자 예레미야(Jeremiah)는 자신의 신부를 향한 하나님의 들끓는 질투심을 체감하였다. 그리고 그 당시의 선지자들과 제사장들이 저질렀던 흉악한 죄에 대해 깊이 근심하였다. 예레미야는 자신의 감정을 주체하지 못했다.

> 선지자들에 대한 말씀이라 내 중심이 상하며 내 모든 뼈가 떨리며 내가 취한 사람 같으며 포도주에 잡힌 사람 같으니 이는 여호와와 그 거룩한 말씀을 인함이라 이 땅에 행음하는 자가 가득하도다 저주로 인하여 땅이 슬퍼하며 광야의 초장들이 마르나니 그들의 행위가 악하고 힘쓰는 것이 정직하지 못함이로다 여호와께서 말씀하시되 선지자와 제사장이 다 사특한지라 내가 내 집에서도 그들의 악을 발견하였노라(렘 23:9-11)

하나님의 대언자로서, 에스겔(Ezekiel) 선지자는 이러한 예레미야의 분노를 다시 한 번 강조했다.

> 인자야 너는 이스라엘 목자들을 쳐서 예언하라 그들 곧 목자들에게 예언하여 이르기를 주 여호와의 말씀에 자기만 먹이는 이스라엘 목자들은 화 있을진저 목자들이 양의 무리를 먹이는 것이 마땅치 아니하냐 너희가 살진 양을 잡아 그 기름을 먹으며 그 털을 입되 양의 무리는 먹이지 아니하는도다 너희가 그 연약한 자를 강하게 아니하며 병든 자를 고치지 아니하며 상한 자를 싸매어주지 아니하며 쫓긴 자를 돌아오게 아니

하며 잃어버린 자를 찾지 아니하고 다만 강포로 그것들을 다스렸도다
(겔 34:2-4)

이스라엘의 목자들은 하나님의 신부를 섬기는 대신 그들을 유린하고 자신의 이익을 위해 그들을 이용하였다. 양들을 돌보고 먹이는 것보다는 스스로의 이득을 취하는 데 더욱 관심을 두었다. 이에 거룩한 열정을 발산하시며 주님께서 그들에게 경고하셨다. "너희가 내 양 무리를 흩으며 그것을 몰아내고 돌아보지 아니하였도다 보라 내가 너희의 악행을 인하여 너희에게 보응하리라"(렘 23:2).

이후 하나님께서는 다음의 말씀으로 이스라엘 백성을 위로하셨다.

내가 내 양 무리의 남은 자를 그 몰려갔던 모든 지방에서 모아내어 다시 그 우리로 돌아오게 하리니 그들의 생육이 번성할 것이며 내가 그들을 기르는 목자들을 그들 위에 세우리니 그들이 다시는 두려워하거나 놀라거나 축이 나지 아니하리라 여호와의 말이니라 나 여호와가 말하노라 보라 때가 이르리니 내가 다윗에게 한 의로운 가지를 일으킬 것이라 그가 왕이 되어 지혜롭게 행사하며 세상에서 공평과 정의를 행할 것이며 그의 날에 유다는 구원을 얻겠고 이스라엘은 평안히 거할 것이며 그 이름은 여호와 우리의 의라 일컬음을 받으리라(렘 23:3-6)

오늘날에도 그리스도의 신부를 자신의 이익을 위해 사용하는 목회자들이 있다. '신랑의 친구'라는 정체성이 없기 때문에, 그들은 자신이

행하는 '사역' 안에서 자신의 정체성을 찾으려 한다. 이러한 목회자들은 자신이 하는 일이 자아를 정의해준다고 믿는다. 그러므로 그들은 개인적인 목표, 즉 자신이 경영하는 사역의 성공을 위해 교회를 '이용해먹을' 수밖에 없다.

압제적인 리더십 스타일, 교묘하게 조종(manipulation)하거나 통제함으로써 그리스도의 신부를 학대하는 사역자들도 있다. '잘 따르는' 교인을 만드는 데 있어서 '공포, 두려움'은 이들이 주로 사용하는 도구다. 두려운 분위기를 조성하여 말 잘 듣는 교인을 만든다. 수많은 목회자가 구약성경의 일부분, 특히 악을 행하고 간음을 저지른 이스라엘에 대한 하나님의 심판의 말씀만을 추려내어 아직 영적으로 성숙하지 못한 크리스천들을 위협한다. 결국 그들은 지도자의 강압에 의해 '곧고 좁은 길'로 떠밀려 간다.

고린도전서 3장에서 바울은 교회의 리더들에게 하나님의 백성을 세우는 일에 힘쓰고 충성할 것을 권하며, 그 일의 중요성에 대해 피력했다. 교회의 '목자들'에게 경고하기를 "만일 당신들이 예수 그리스도의 기초 위에 공력 없는 것들(은, 금, 나무, 짚)을 세운다면 자신의 신부를 질투하기까지 사랑하시는 하나님의 불이 그것들을 사를 것입니다"라고 했다(고전 3:12-13, 15 참조). 물론 이 구절은 크리스천 전체를 향한 권면의 말씀으로도 이해할 수 있다. 그러나 무엇보다 바울은 그리스도를 위해 일하는 것이 가장 의미 있는 일임을 교회의 리더들에게 이해시키고자 했다. 결국 이 말씀은 그들의 사역 방법과 동기에 대한 경고인 것이다.

이와 동일한 경고의 말씀이 야고보서에서도 메아리친다. "내 형제들아 너희는 선생 된 우리가 더 큰 심판받을 줄을 알고 많이 선생이 되지 말라"(약 3:1). 이 말씀은 목회자와 교회의 리더들에게 던진 명령이다. 신랑이신 그리스도를 위해 신부를 준비시키는 책임과 의무를 맡은 것이 얼마나 귀한 특권인지를 이해하라는 명령이다. 이러한 이유로 목회자와 리더들은 교회 앞에서 신랑의 모습을 온전하게 나타내주어야 한다. 신부를 향한 하나님의 뜨거운 사랑을 온 교회가 깨닫도록, 지도자들은 하나님의 모습을 보여주어야 한다.

그리스도가 재림하시기 직전, 성령께서는 이 성대한 결혼식을 위해 신부를 아름답게 예비시킬 '신랑의 친구들'을 세우실 것이다. 신랑의 친구들은 신랑의 목소리를 듣는 것에서 참된 기쁨을 느끼는 사람들이다(요 3:29 참조). 자신이 애쓰고 힘쓴 사역 안에서 궁극적인 만족을 찾는 대신, 이러한 지도자들은 겸손과 섬김의 정신을 겸비하여 참된 리더십이 어떤 것인지를 우리에게 보여줄 것이다. 이들은 '의로운 하나님'(여호와 찌더케누)의 마음을 지녔다. 이들의 심장은 신부의 영적 성장을 갈망하시는 하나님의 거룩한 열정으로 가득 찼다.

여호와 미카데쉬
Yahweh M'Kaddesh

하나님이 '여호와 미카데쉬'(거룩하게 하시는 하나님)라는 이름으로 자신을 계시하신 사건은 이스라엘에게 있어서는 또 다른 놀라운 언약의 수여와 같다. 이 약속은 레위기 20장 7-8절에 기록되어있다. "너희는 스스로 깨끗케 하여 거룩할지어다 나는 너희 하나님 여호와니라 너희는 내 규례를 지켜 행하라 나는 너희를 거룩케 하는 여호와니라."

이 구절의 핵심은 에스겔서 16장에 생생하게 나타난다. 고대 유대교의 혼인식이 두 파트(약혼과 결혼)로 나뉜다는 사실을 기억하는가? 일단 예비 신부가 결혼 서약의 내용에 동의를 표하면, 그녀는 예비 신랑을 위해 '거룩하게' 혹은 '따로 구별되어' 준비된다.

히브리어에 담긴 열정과 시성(詩性)을 통해 하나님께서는 자신과 신부 이스라엘 사이에서 일어난 친밀한 사건의 세부 사항을 아주 아름답게 묘사하셨다.

> 내가 네 곁으로 지나며 보니 네 때가 사랑스러운 때라 내 옷으로 너를 덮어 벌거벗은 것을 가리고 네게 맹세하고 언약하여 너로 내게 속하게 하였었느니라 나 주 여호와의 말이니라 내가 물로 너를 씻겨서 네 피를 없이 하며 네게 기름을 바르고(겔 16:8-9)

이스라엘이 "네"라고 대답하며 주님을 향한 자신의 헌신을 서약했을 때, 이스라엘은 오직 하나님을 위해서만 따로 구별되었다. 하나님은 이스라엘을 거룩케 하셨다. 피를 씻기시고 향유를 발라주셨다. 하지만 하나님께서는 단순히 상처 난 곳을 씻으시고 거기에 연고를 발라주신 것이 아니다. 위에 적힌 내용을 제대로 이해하려면, 사용된 히브리어의 의미부터 이해해야 한다. 하나님께서 씻어주신 피는 일반적인 혈흔이 아닌 '월경하여 흘린 피'다.

이사야 64장 6절은 다음과 같다. "대저 우리는 다 부정한 자 같아서 우리의 의는 다 더러운 옷 같으며 우리는 다 쇠패함이 잎사귀 같으므로 우리의 죄악이 바람같이 우리를 몰아가나이다." 이 구절에서 '더러운 옷'으로 번역된 히브리 원어는 단순히 '때가 묻은 옷'을 지칭하지 않는다. 여기에는 더 심오한 의미가 담겨있는데, 문자 그대로 이를 해석한다면 '월경하여 흘린 피로 흥건한 겉옷'이 된다. 한 번 생각해보라. 주님께서 신부를 선택하셨다. 그가 온전한 겸손함으로 그녀 앞에서 무릎을 꿇으신다. 이제 주님은 신부의 몸에서 생리혈을 닦아내신다. 자신의 사랑으로 그녀의 수치를 덮어주신다. 혈흔이 묻은 더러운 옷을 벗기시고 자신의 거룩한 의로 그녀를 입히신다. 이후 주님께서는 자신의 아름다움과 영광으로 그녀를 치장해주신다(겔 16:10-14 참조). 이제 그녀는 왕비가 되었다!

은혜와 자비가 풍성하신 하나님께서는 자기의 영광을 위해 우리를 신부로 선택하셨다. 그리고 우리와 언약 관계를 맺으셨다. 우리는 그의 신부다. 그는 우리를 거룩케 씻으시고 자신의 기쁨을 위해 우리를 따로 구별해놓으셨다. 몸을 구푸려 손수 우리의 죄를 씻어주셨다. 더러운 옷을 벗기시고 의로움으로 우리를 옷 입히셨다. 자신의 아름다움과 온전함으로 우리를 덮으시니, 우리는 마치 처음부터 아무런 죄를 짓지 않았던 것처럼 하나님 앞에 담대히 서게 된다!(고전 1:30 참조)

크리스천인 우리 모두는 주님께 연결되어있다. 구원은 언약의 행보다. 우리 모두는 신부의 충절을 지키도록 부름 받았다. 베드로전서 3장 15절의 말씀은 "너희 마음에 그리스도를 주로 삼아 (스스로를) 거룩하게 하라"라고 명령한다. 다른 말로 설명하면 우리는 마음을 다해 하나님을 사랑해야 하고, 삶의 모든 영역에서 그리스도를 '주인님'으로 인정해야 한다는 것이다. 우리를 신부로 선택하신 그분을 위해 우리의 생각과 몸을 깨끗이 보존하기로 결심한다면 그가 모든 불의에서부터 우리를 깨끗케 하실 것이다(요일 1:9 참조). 하나님은 의(義)의 기반 위에 우리의 마음을 세우실 것이며, 이에 죄는 더 이상 우리의 삶을 주관하지 못할 것이다. '거룩하게 하시는 하나님'이기에 그는 영원히 신실하신 분으로 남으리라. 얼굴을 마주하여 만날 때까지 하나님은 우리에게 헌신하실 것이다.

마침 기도
Closing Prayer

아버지, 나를 향한 당신의 큰 사랑에 내가 압도되나이다. 예수님, 제가 더 무엇을 아뢸 수 있겠습니까? 나를 위한 당신의 희생은 내 이해의 한계를 넘어서는 일입니다. 당신이 언제 어디서나 나와 함께하신다는 사실을 깨달아 평안함과 안전함 속에서 살아가도록 나를 도우소서. 당신의 사랑에 대한 나의 응답으로 당신께 순종하기를 원합니다. 내게 영원히 신실하신 분이 되어주셔서 감사합니다. 예수님의 이름으로 기도합니다. 아멘.

주)

1. S. J. Hill의 저서 *God's Covenant of Healing*은 치유 관련 주제에 대해 더 많은 정보를 알려준다. www.sjhill.com에서 주문이 가능하다.

제7장

하나님은 질투하시는 남편
God-The Jealous Husband

제7장
하나님은 질투하시는 남편

    태초에 하나님께서는 아담과 하와의 순수하고 열정적인 연합을 창조하셨다. 이후 하나님께서는 이 둘의 연합을 가리키시며, 자신이 인간과 맺고자 했던 연합이 바로 이러한 종류의 것이었음을 알리셨다. 사도 바울은 하나님께서 남자와 여자를, 또 결혼과 성교(性交)를 창조하셨던 주된 이유가 바로 이것이었음을 이야기했다—우리 모두에게 보여주기 위한 살아있는 예화로 사용하시기 위해! 바울은 창세기의 말씀을 인용하여 한 차원 더 높은 해석을 첨가했다. "이러므로 사람이 부모를 떠나 그 아내와 합하여 그 둘이 한 육체가 될지니 이 비밀이 크도다 내가 그리스도와 교회에 대하여 말하노라"(엡 5:31-32).

    실로 심오한 미스터리가 아닐 수 없다. 그 비밀의 실체를 알기 위해 우리는 역사상 가장 위대한 로맨스의 기록을 펼쳐야 한다! 하나님은 자신과의 친밀한 교제를 위해 인간을 창조하셨다. 앞에서 살펴보았듯이 하나님께서는 한 민족과 연애하셨고 그 나라와 혼인 관계로 들어가셨다. 이스라엘을 향해 '너는 내 눈에 넣어도 아프지 않을 나의 사랑이다'라고 말씀하셨다. 이스라엘에게 '모든 것'이 되시기로 다짐하셨다.

    그러나 이스라엘은 하나님만으로 만족하지 못했다. 하나님과의 밀월 기간이 끝나자마자 이 신부는 이곳저곳으로 눈을 돌리기 시작했다. 주변 국가가 섬기는 신들에게 마음이 쏠렸고 이교도의 제사 행위에 매료되었다. 이방 종교의 신들은 하나님처럼 엄격하지 않았다. 이방 신들은 제의식의 일부분으로 성전 매춘을 장려하기도 하였다. 난교 파티는 일반적이었으며, 제단에서 남녀가 성교하는 것은 물론 동성애까지 횡행하였다.

하나님께서 자신의 신부에게 항상 '선하신' 분이었음은 의심할 여지가 없다. 하나님이 아니었다면 이스라엘은 현재의 지위를 결코 가지지 못했을 것이다. 하나님 외에 그 어떤 누구도 이스라엘을 원하지 않았기 때문이다. 습관처럼 이스라엘은 불평하고 중얼거렸다. 하지만 하나님은 이스라엘을 보호해주셨고 그들의 모든 필요를 채워주셨다. 이스라엘이 애굽으로 돌아가고 싶다고 말했을 때에도 하나님께서는 결코 그들에게 등을 돌리지 않으셨다. 항상 이스라엘 곁을 지켜주셨다. 그 옆에 꿋꿋이 서 계셨다. 조금도 움직이지 않고 자신의 성실함을 보여주셨다.

그러나 이스라엘의 눈에 비친, 변치 않는 하나님의 '신실함'은 '지루함'과 동의어였다. 하나님의 행동을 예견할 수 있다는 것이 그들에게는 '식상함'이었다. 신실함은 건강한 관계의 전제조건이지만 결코 참신하지도 매력적이지도 않다. 이스라엘은 하나님의 신실함에 마음이 끌리지 않았다. 어떤 이는 그 신실함을 '하나님의 고리타분한 특성'으로까지 생각했다. 사실 신실함은 그 의미상, '예측 가능함'(predictability) 혹은 '반복적 일상'(routine)이 아닌가? 필립 얀시(Philip Yancey)의 글을 보라.

옐로우스톤 국립공원의 '올드 페이스풀'(Old Faithful, 육십사 분마다 분출하는 간헐천)을 처음 방문했을 때가 생각난다. 일본과 독일 등지에서 온 관광객들은 물이 분출하는 곳 주위에 몰려들었다. 그 작은, 그러나 참로 유명한 장관을 촬

영하기 위해 저마다 비디오카메라를 들고 있었다. 마치 잘 길들여진 무기처럼 카메라는 물이 분출되는 순간을 놓칠세라 분출구를 향해 '촬영 대기' 하고 있었다. 분출구 옆에는 디지털시계가 놓여있었다. 시계는 예상 분출 시각을 알려주기 위해 이십사 분 전부터 카운트다운에 들어간다.

아내와 나 역시 분출구가 내려다보이는 올드 페이스풀 모텔 식당에서 카운트다운에 들어갔다. 디지털시계의 액정에 일 분이 표시되자 식당에 있던 모든 사람은 물론 아내와 나 역시 테이블을 박차고 일어나 창가로 향했다. 그 크고 웅장한, 아니 '축축한' 광경을 더 잘 보기 위해서였다.

바로 그 순간 서로 짜기라도 한 듯 식당 안의 손님들이 저마다 유리 창문에 얼굴을 묻고 기대어있을 때, 웨이터들과 식당 보조원들이 테이블을 정리하기 시작했다. 빈 컵에 물을 채우는 웨이터, 식사가 끝난 테이블의 접시를 치우는 보조원들이 분주하게 움직였다. 올드 페이스풀의 분출구에서 물이 솟아오르자 관광객들의 입에서 "이야", "우왜!"라는 탄성이 터져 나왔다. '찰칵' '찰칵' 카메라의 플래시 터지는 소리와 함께 엉겁결에 큰 웃음과 박수소리가 이어 나오기도 했다. 그 순간 나는 뒤를 돌아보았다. 단 한 명의 웨이터도, 식당 보조원도, 심지어 맡은 일을 다 끝마친 종업원도, 그 어떤 누구도 눈앞에서 펼쳐진 장관에 관심을 기울이려 하지 않았다. 그 유명한 올드 페이스풀도 근처 식당 종업원들의 마음을 사로잡기엔 역부족이었나 보다.[1]

이스라엘은 하나님이 '지겨워' 졌다. 하나님께서 일하시는 방법에 싫증이 났다. 더 이상 남편에게 매어 살기 싫었던 게 분명하다. 이제 이 신부는 '일부일처제'(monogamy)를 '단조로움'(monotony)의 동의어로 생각한다. 한 남자와 결혼하는 것은 다른 남자와 누리게 될 열정과 즐거움을 포기하는 행위라고 생각하여, 이방 나라들이 섬기는 신을 좇아간다. 그것도 아무런 수치심 없이 말이다. 하나님께서 이스라엘을 어르고 타일렀지만 이미 이스라엘의 마음은 너무 멀어져버렸다. 결국 그들은 하나님의 마음에 큰 상처를 내고 말았다!

이스라엘을 향한 하나님의 말씀을 통해 그의 고통이 얼마나 컸는지를 알 수 있다.

> 가서 예루살렘 거민의 귀에 외쳐 말할지니라 여호와께서 이같이 말씀하시기를 네 소년 때의 우의와 네 결혼 때의 사랑 곧 씨 뿌리지 못하는 땅 광야에서 어떻게 나를 좇았음을 내가 너를 위하여 기억하노라 그때에 이스라엘은 나 여호와의 성물 곧 나의 소산 중 처음 열매가 되었나니 그를 삼키는 자면 다 벌을 받아 재앙을 만났으리라 여호와의 말이니라… 어느 나라가 그 신을 신 아닌 것과 바꾼 일이 있느냐 그러나 나의 백성은 그 영광을 무익한 것과 바꾸었도다 너 하늘아 이 일을 인하여 놀랄지어다 심히 떨지어다 두려워할지어다 여호와의 말이니라 내 백성이 두 가지 악을 행하였나니 곧 생수의 근원되는 나를 버린 것과 스스로 웅덩이를 판 것인데 그것은 물을 저축하지 못할 터진 웅덩이니라(렘 2:2-3, 11-13)

> 네 화려함을 인하여 네 명성이 이방인 중에 퍼졌음은 내가 네게 입힌 영화로 네 화려함이 온전함이니라 나 주 여호와의 말이니라 그러나 네가 네 화려함을 믿고 네 명성을 인하여 행음하되 무릇 지나가는 자면 더불

어 음란을 많이 행하므로 네 몸이 그들의 것이 되도다(겔 16:14-15)

그러나 하나님의 고통은 곧 순수한 열정으로 바뀌었다. 하나님께서는 자신의 신부를 '발정기의 암나귀'에 비유하시기까지 했다.

네가 어찌 말하기를 나는 더럽히지 아니하였다 바알들을 좇지 아니하였다 하겠느냐 골짜기 속에 있는 네 길을 보라 네 행한 바를 알 것이니라 너는 발이 빠른 젊은 암약대가 그 길에 어지러이 달림 같았으며 너는 광야에 익숙한 들 암나귀가 그 성욕이 동하므로 헐떡거림 같았도다 그 성욕의 때에 누가 그것을 막으리요 그것을 찾는 자들이 수고치 아니하고 그것의 달(짝짓기 할 때)에 만나리라(렘 2:23-24)

이후에 하나님께서는 여기저기 기웃거리는 자신의 아내를 '버림받은 연인'으로 명명하시며 질책하셨다.

여호와께서 가라사대 이는 네 응득이요 내가 헤아려 정하여 네게 준 분깃이니 네가 나를 잊어버리고 거짓을 신뢰하는 연고라 그러므로 내가 네 치마를 네 얼굴에까지 들춰서 네 수치를 드러내리라 내가 너의 간음과 사특한 소리와 들의 작은 산 위에서 행한 네 음행의 비루하고 가증한 것을 보았노라 화 있을진저 예루살렘이여 네가 얼마나 오랜 후에야 정결하게 되겠느뇨(렘 13:25-27)

그리고 또 다시 "간음하고 사람의 피를 흘리는 여인을 국문함 같이 내가 너를 국문하여 진노의 피와 투기의 피를 네게 돌리리라"라고 경고하셨다(겔 16:38).

정당한 질투
Justifiably Jealous

수많은 사람이 하나님이 발하신 심판과 분노에 상처를 받고 넘어졌다. 하나님의 심판을 오해하거나 '악'(惡)으로 치부했기 때문이다. 하지만 그들이 이해하지 못한 사실은 하나님은 언제나 자기 백성을 위한 사랑과 한결같은 헌신으로 불타오르신다는 것이다. 그렇다면 왜 이 사실이 생소하게만 느껴지는 것일까? 성경이라 불리는 사랑 이야기의 주인공이자 남편이신 주님께서 항상 자신의 아내에게 사랑과 헌신을 요구하기 때문이다. 그렇다면 하나님께서 우리에게 너무 많은 것을 요구하신 것인가? 아니다. 아내로부터 사랑과 헌신을 요구하지 않는다면 그를 '남편'이라고 말할 수나 있겠는가?

남자들이여! 만일 그대가 어떤 여인에게 푹 빠져 그녀와 결혼했다고 하자. 아내의 모든 필요를 채우기 위해 당신은 직장에 나가 열심히 일을 한다. 하지만 당신이 출근한 사이, 아내는 아무 남자에게나 침실을 개방하여 그들과 잠자리를 가진다. 그렇다면 이 같은 아내의 배신이 당신의 마음에 일으킬 감정은 어떤 종류의 것이겠는가? 당신이 아닌 다른 남성에게 잘 보이려고 당신이 애써 번 돈으로 사준 옷과 향수로 치장한 아내를 본다면 어떤 마음이 들겠는가?

그렇다. 이것이 바로 이스라엘이 했던 '짓'이다. 남편이 두 눈을 부릅뜨고 지켜보는 앞에서 자랑하듯 간음하였다. 이방 신의 눈에 아름답게 보이고자 남편이 사다준 고급 예물로 자신의 몸을 치장하였다. 이러한 이스라엘의 행동은 가당치도 않았지만, 그들은 조금도 수치스러워하지 않았다. 여기서 끝이 아니다. 심지어 잠자리를 같이 할 남성을 고르는 데 있어서 조금도 고민한 흔적이 없다. 아무나 골라잡아 침실로 끌어들였다.

하나님은 분개하셨다. 그리고 이 사실을 이스라엘에게 알리셨다.

> 네가 네 의복을 취하여 너를 위하여 색스러운 산당을 만들고 거기서 행음하였나니 이런 일은 전무후무하니라 또 내가 네게 준 금 은 장식품으로 너를 위하여 남자 우상을 만들어 행음하며 또 수놓은 옷으로 그 우상에게 입히고 나의 기름과 향으로 그 앞에 베풀며…이스라엘아 네 어렸을 때에 네가 벌거벗어 적신이었으며 피투성이가 되어서 발짓하던 것을 기억하지 아니하고 네가 모든 가증한 일과 음란을 행하였느니라 나 주 여호와가 말하노라 네게 화가 있으리라 화가 있으리라(겔 16:16-18, 22-23)

아내의 부정에 대해 주님이 뱉으신 진노의 말씀을 온전히 이해하려면, 먼저 주님의 '거룩한 질투심'을 알아야 한다. 성경은 사랑, 자비, 친절함과 같은 하나님의 성품에 대해 지면 가득 언급해놓았다. 하지만 하나님의 질투심에 대한 언급도 상당량을 차지한다는 것을 알게 되면, 당신의 두 눈은 휘둥그레질 것이다.

* 너는 다른 신에게 절하지 말라 여호와는 질투라 이름 하는 질투의 하나님임이니라(출 34:14)

* 네 하나님 여호와는 소멸하는 불이시오 질투하는 하나님이시니라(신 4:24)

* 너희는 다른 신들 곧 네 사면에 있는 백성의 신들을 좇지 말라 너희 중에 계신 너희 하나님 여호와는 질투하시는 하나님이신즉 너희 하나님 여호와께서 네게 진노하사 너를 지면에서 멸절시키실까 두려워하노라 (신 6:14-15)

* 그들이 하나님이 아닌 자로 나의 질투를 일으키며 그들의 허무한 것으로 나의 진노를 격발하였으니 나도 백성이 되지 아니한 자로 그들의 시기가 나게 하며 우준한 민족으로 그들의 분노를 격발하리로다(신 32:21)

* 자기 산당으로 그 노를 격동하며 저희 조각한 우상으로 그를 진노케 하였으매…(시 78:58)

이외에도 하나님의 거룩한 '질투심'에 대한 구절은 수없이 많다(민 25:11, 수 24:19, 시 79:5, 겔 8:3, 16:38, 42, 23:25, 36:5, 39:25, 욜 2:18, 나 1:2, 습 1:18, 슥 1:14, 8:2 참조).

성경에 기록된, '하나님이 질투하신다'라는 말의 진정한 의미는 무엇인가? 지고한 사랑이신 하나님께서 어떻게 질투하시는 분이 될 수 있는가? 하나님마저 이와 같은 성격상의 결함을 지니셨다는 생각에 실망하고 떠나버리는 사람도 많다. 왜냐하면 과거 언젠가(혹은 앞으로 언젠가) 우리 모두는 인간의 질투심이 가져다준 파괴적이고 곤혹스러운 결과를 맛보았기 때문이다. 질투심으로 인해 받은 마음의 상처가 '질투하시는 하나님'을 거부하도록 만든 것이다.

하지만 "하나님이 질투하신다"라고 말할 때, 그것은 우리가 어떤 행동을 하는지 하나님이 모르시기 때문에 우리를 의심하거나 수상쩍게 보신다는 뜻이 아니다. 그렇다면 모든 것을 다 아시는 전지(全知)하신 하나님께서 어떻게 질투하실 수 있다는 말인가?

거룩한 질투심과 거룩하지 않은 질투심을 구별할 필요가 있다. 먼저 거룩하지 못한 질투심을 살펴보자. 이것은 '내 것이 아닌 무언가를 소유하고 싶거나 통제하고 싶은 마음'에서 비롯된다. 이러한 질투심에 사로잡히면, 사랑해야 할 대상을 사랑하지 못하고 오히려 그(그녀)에게 요구만 하게 된다.

반대로 거룩한 질투심은 하나님 성품의 핵심에 자리한다. 그의 내면 깊은 곳에는 꺼지지 않는 사랑의 불이 타오르는데, 그 불을 가리켜 성경은 '질투'라고 말한다. 그분의 질투는 영원토록 소중한 '사랑의 관계' 때문에 시작된다. 그 관계를 지키기 위한 열정, 관계가 깨어질 위험에 있을 때 그것을 막아서는 거센 불꽃–성경은 이러한 하나님의 열정을 '하나님의 질투'라고 부른다. 하나님은 자신이 사랑하는 사람들의 즐거움과 기쁨을 지켜내기 위해 싸우시는 분이다. 그러므로 자기 백성을 불행하게 만드는 모든 것을 향해 공격적인 행동을 취하신다. 거룩한 질투심은 이러한 하나님의 행동을 가능케 하는 내면의 자유 에너지다. 하나님께서 심판하시는 근본 이유는 바로 '신부를 향한 사랑' 혹은 '질투심'이다.

호세아서만큼 하나님의 질투심을 적나라하게 그려낸 책은 없다. 이 책에서 하나님은 자신을 사자(獅子)로 비유하셨다. 사자처럼 하나님 역시 발톱을 치켜세우고 질투 어린 분노를 표호하면서 행음하는 아내를 징계하여 그녀의 마음을 자신에게로 돌이키려고 하셨다. "내가 에브라임에게는 사자 같고 유다 족속에게는 젊은 사자 같으니 나 곧 내가 움켜갈지라 내가 탈취하여 가면 건져낼 자가 없으리라 내가 내 곳으로 돌아가서 저희가 그 죄를 뉘우치고 내 얼굴을 구하기까지 기다리리라 저희가 고난을 받을 때에 나를 간절히 구하리라"(호 5:14-15 참조).

이스라엘을 향한 하나님의 분노, 아니 '지독한' 집착은 다음의 말씀을 통해 더욱 상세히 기술되었다.

그러나 네가 애굽 땅에서 나옴으로부터 나는 네 하나님 여호와라 나밖에 네가 다른 신을 알지 말 것이라 나 외에는 구원자가 없느니라 내가 광야 마른 땅에서 너를 권고하였거늘 저희가 먹인 대로 배부르며 배부름으로 마음이 교만하며 나를 잊었느니라 그러므로 내가 저희에게는 사자 같고 길가에서 기다리는 표범 같으리라 내가 새끼 잃은 곰같이 저희를 만나 그 염통 꺼풀을 찢고 거기서 암사자 같이 저희를 삼키리라 그렇지 않으면 들짐승이 저희를 찢으리라(호 13:7-8)

하나님의 아내인 이스라엘을 향해 호세아(Hosea)가 애절한 목소리로 그토록 '돌아오라'고 외쳤던 이유가 바로 이것이었다. "이스라엘아 네 하나님 여호와께로 돌아오라 네가 불의함을 인하여 엎드러졌느니라"(호 14:1).

하나님의 진노
What's Up with God's Wrath?

하나님의 질투 어린 분노의 정도는 자신에게 속한 백성을 얼마나 사랑하시는지에 따라 달라진다. 많이 사랑할수록 많이 분노하신다. 하나님께서 사랑하시는 정도와 분노하시는 정도가 정비례한다는 뜻이다. 그러나 하나님의 분노는 결코 비이성적이거나 예측하지 못할 '갑작스러운 화'가 아니다. 통제할 수 없는 격분도, 폭력도 아니다.

물론 '분노'(anger)라는 말은 '격정'이나 '무자비함'과 유의어다. 그러나 성경에 기록된 '분노'에 해당하는 원어의 의미는 '의로운 분개'(righteous indignation, 의분)다. 하나님은 인간이 저지른 죄악과 수치스러운 일들에 대해서만 의분을 발하시고 진노(wrath)하신다. 그렇다 하더라도 분노는 하나님 마음의 이차적인 감정일 뿐 주된 감정은 아니다.

이스라엘에 대한 분노와 진노 역시 그 배후에는 그들을 향한 사랑이 자리하고 있다. 사랑하시기 때문에 그들에게 진노하시는 것이다. 하나님은 자신의 신부를 무궁히 사랑하시기에 그녀를 향해 거룩한 분노를 발하신다. 이 점을 하나님께서 예레미야의 입을 빌려 열정적으로 말씀하셨다. "무리가 나를 버리고 다른 신들에게 분향하며 자기 손으로 만든 것에 절하였은즉 내가 나의 심판을 베풀어 그들의 모든 죄악을 징계하리라"(렘 1:16).

분노와 자비(긍휼)는 상극(相剋) 개념이 아니다. 분노와 자비는 깊게 연관되어있다. 이 사실을 깨달았기 때문에 하박국(Habakkuk) 선지자는 이렇게 기도했다. "진노 중에라도 긍휼을 잊지 마옵소서"(합 3:2). 하나님의 사랑이 멈추리라는 것은 상상조차 할 수 없는 일이다. 하나님의 사랑이 무궁함을 알았기에 시편 기자는 자신이 처한 참담한 현실을 의아하게 여길 수밖에 없었다. 그러므로 그가 다음과 같이 질문한 것은 자연스러운 일이었다. "하나님이 은혜 베푸심을 잊으셨는가 노하심으로 그 긍휼을 막으셨는가(셀라)"(시 77:9).

오늘날 많은 사람이 짓는 죄가 있다. 엄연한 죄를 묵인하고 눈감아주는 '행악'(行惡)이 그것이다. 다른 말로 표현하면 '무관심의 죄'라고 할 수 있는데, 버젓이 저지르는 죄악을 눈감아주는 '무관심'은 그 죄악보다 훨씬 더 교활하다. 그러나 하나님은 결코 죄악을 묵인하지 않으신다. 하나님은 사람들이 하는 일에 세세히 관여하시며 항상 관심 있게 보신다. 우리의 하나님은 '관심을 갖는 하나님'이시다(God of sympathy). 그러므로 "하나님께서 분노하신다"라는 말은 "하나님께서 관심 있게 보신다"

는 뜻이다. 분노의 표출은 '무관심'에 종지부를 찍는 일과 매한가지다.

한 가지 더 기억해야 할 것이 있는데, '하나님의 인내'를 생각하지 않고서 '하나님의 분노'를 이해하는 것은 불가능하다는 것이다. 성경은 하나님을 "오래 참으시고 인내하시고 화를 더디 내시는 분"으로 확실히 기록하고 있다(출 34:6, 민 14:18, 시 86:15, 103:8, 145:8, 렘 15:15, 욜 2:13). 그러나 '하나님의 오래 참으심'을 '냉담함'이나 '무관심'으로 착각해서는 안 된다. 정당하게 분노하실 상황에서 스스로를 억제하시는 행동으로 '하나님의 인내'를 이해해야 한다.

하나님이 발하신 분노의 말씀에는 간음한 아내를 향해 "내게 돌아오라. 돌아와서 구원받으라"라는 메시지도 포함된다. 만일 그녀가 회개하고 회개에 합당한 행실을 보이면, 하나님의 분노는 사라질 것이다. 이미 마음으로 징계를 결정하셨다면 분노의 말씀을 하실 필요도 없다. 그러므로 분노의 말씀은 '돌아오라'는 권유의 말씀이자, 곧 분노를 취소하겠다는 말씀이다. 당신은 하나님의 이러한 행동을 비이성적인 행동으로 보는가? 그렇지 않다. 하나님의 입장에서 본다면 이것은 회개를 이끌어내려는 의도로 행하신 방법, 인간의 죄악을 다루시는 방법이다.

아무리 거센 분노일지라도 우리가 회개하고 기도하면 그것을 피할 수 있다. 우리의 기도에 주님께서 마음을 돌이키시기 때문이다. 하나님에게 '진노를 위한 진노'는 없다. 하나님의 진노하심에는 나름의 의도와 목적이 있다. 자신의 아내가 회개하고 돌아올 것을 바라시는 마음에서 하나님은 그녀가 행한 죄악에 대해 진노를 발하셨다. 그러나 진노 중이라도 하나님의 공의와 분노 너머에는 자비와 긍휼이 있다―이것이 미스터리다.

순간의 분노
Momentary Anger

성경에 기록된 하나님의 분노는 항상 '순간적'이었다. 그 어떠한 분노도 영원무궁토록 지속되지는 않았다. 이 사실은 미가(Micah) 선지자에 의해 다시 한 번 확인된다. "주와 같은 신이 어디 있으리이까 주께서는 죄악을 사유하시며 그 기업의 남은 자의 허물을 넘기시며 인애를 기뻐하심으로 노를 항상 품지 아니하시나이다"(미 7:18).

하나님의 대언자인 이사야(Isaiah) 선지자 역시 미가의 메시지를 메아리로 울리고 있다. "내가 잠시 너를 버렸으나 큰 긍휼로 너를 모을 것이요 내가 넘치는 진노로 내 얼굴을 네게서 잠시 가리웠으나 영원한 자비로 너를 긍휼히 여기리라 네 구속자 여호와의 말이니라"(사 54:7-8).

다윗은 시편에서 순간적인 하나님의 분노와 영원한 하나님의 사랑을 대조하고 있다. "그 노염은 잠간이요 그 은총은 평생이로다 저녁에는 울음이 기숙할지라도 아침에는 기쁨이 오리로다"(시 30:5).

이스라엘이 하나님께 "노를 한없이 계속하시겠으며 끝까지 두시겠나이까"(렘 3:5 참조)라고 여쭈었을 때, 하나님의 답변은 단호했다. "배역한 이스라엘아 돌아오라 나의 노한 얼굴을 너희에게로 향하지 아니하리라 나는 긍휼이 있는 자라 노를 한없이 품지 아니하느니라"(렘 3:12).

하나님의 분노를 이해하는 열쇠는 '그의 보호하심'에 대한 '인지'(認知)에 있다. 우리의 삶에서 하나님이 보호해주신다는 사실을 확신하는 것보다 더 놀라운 일은 없다. 진노는 순간적인 고통과 파괴만을 불러올

뿐, 끝없는 절망을 안겨주지는 않는다. 이사야의 말에 이 사실이 기록되어있다. "그날에 네가 말하기를 여호와여 주께서 전에는 내게 노하셨사오나 이제는 그 노가 쉬었고 또 나를 안위하시오니 내가 주께 감사하겠나이다 할 것이니라"(사 12:1).

분노는 하나님이 즐거이 표출하시는 감정이 아니다. 고통스럽지만 하나님도 어쩔 수 없이 분노를 발하실 때가 있다. 이러한 의미에서 분노는 '필요악'이다. "주께서 인생으로 고생하며 근심하게 하심이 본심이 아니시로다"(애 3:33). 하나님은 이스라엘이 잘 영근 포도송이처럼 아름답고 영화롭게 되기를 원하신다. 이스라엘을 향해 다음과 같이 말씀하기를 바라신다. "나는 포도원에 대하여 노함이 없나니…"(사 27:4) 이러한 이유에서 주님은 다음과 같이 물으셨다. "너희가 어찌하여 큰 악을 행하여 자기 영혼을 해(害)하며…어찌하여 너희가 너희 손의 소위로 나의 노를 격동하느냐"(렘 44:7-8 참조).

이스라엘이 주변국들을 본받고자 사람을 세워 자국의 왕으로 삼고자 했을 때, 주님께서는 자신의 종이자 친구였던 사무엘에게 '하나님을 버릴 때 대면하게 될 끔찍한 결과'에 대해 이스라엘에게 경고할 것을 명령하셨다(삼상 8:8-18 참조). 사무엘상하, 열왕기상하, 역대상하는 이스라엘이 하나님 곁에 머물며 하나님을 사랑했을 때 경험했던 부요함, 그리고 다른 신을 쫓기 위해 하나님을 버렸을 때 경험했던 비극에 대해 상세하게 기술하고 있다. 역사서를 통해 살펴본 대로라면 각각의 경우 이스라엘의 지위와 그들이 경험한 일에는 현격한 차이가 있다.

하나님의 진노는 순간적인 고통과 비극을 안겨준다. 그러나 하나님께 버림받으면, 그 고통은 이루 다 말할 수 없다. 하나님께 버림받고 거절당하는 것은 그에게 징계받고 심판받는 것보다 훨씬 더 참담하다. 그러므로 하나님의 진노와 그로부터 버림받는 것은 차원이 다르다. 성경에 나오는 대로 하나님의 분노는 신부의 영적 타락을 염려하고 마음 깊이 걱정해주시는 하나님의 사랑이 표출된 결과다. 가장 강렬한 분노일지라도 그것을 뛰어넘는 하나님의 긍휼이 그 중심에 자리하고 있다. 거룩한 분노-이것은 인간의 죄와 허물과 연약함 앞에서도 확고부동하게 서있는, 영원토록 변치 않는 하나님의 사랑이다. 선지자들을 통해 계시된 하나님의 사랑과 관심의 그 찬란한 결실이 바로 '분노'다.

선지자들 -신랑의 친구
Prophets-Friends of the Bridegroom

선지자들은 하나님의 관심을 자신의 것으로 느낀다. 이들은 하나님과의 친밀함 가운데에서 하나님의 관심 사항을 깊이 고려한다. 그러므로 선지자들을 단순히 하나님 말씀의 전달자나 대변인 정도로 생각하면 오산이다. 이들은 아내를 향한 하나님의 사랑과 분노를 자신의 내면 깊이 체험한 사람들이다. 선지자는 자신의 느낌보다는 하나님의 느낌과 감정에 더욱 민감하다. 그러므로 그들이 하나님을 대신하여 말할 때는 그분의 마음속 깊은 짐을 덜어내는 것과 같다. 이러한 이유로 선지자들의 글에서 '여호와의 짐'(burden of the Lord: 주로 '여호와의 엄중한 말씀'으로 번역됨-역자 주)이라는 표현이 자주 등장하는 것이다.

어떤 이들에게는 '여호와의 분노'라는 말도 불쾌할 것이다. 이 표현을 자신이 받게 될 '고통'이나 '고난'으로 이해하기 때문이다. 그러나 입장을 바꾸어 생각해보라. 하나님은 '분노'를 발할 수밖에 없는 상황 자체가 고통스러우시다. 성경에 기록된 하나님의 분노는 이스라엘의 불충(不忠)에 대한 하나님의 깊은 슬픔과 마음속 고통에 뿌리를 두고 있다(기억하라! 하나님께서는 오래도록 슬픔과 고통을 참으셨다). 그리고 독특하게도 선지자들은 하나님의 사랑과 그의 거룩한 분노 사이의 긴장 상태를 동일하게 체험한다.

나는 오랫동안 선지자의 모습을 이렇게 그려왔다. 길고 앙상한 손가락으로 백성을 가리키며 그들의 면전에 "회개하든지 불에 타 죽든지 양자 간에 선택하라!"는 험한 메시지를 던지는 남자… 그러나 이러한 생각을 바꾸게 된 것은 한참 후의 일이었다. 신랑의 친구인 선지자들은 간음한 아내를 향한 하나님의 질투심을 고스란히 자기 마음에 담아두는 사람이었다. 이러한 사실은 선지자들의 열정을 이해하는 데 도움이 된다. 또한 그들이 하나님과 감정적 일체를 이룬다는 점도 쉽게 이해하게 된다.

이스라엘이 하나님 대신 자신들을 다스려줄 '인간 왕'을 요구했을 때 하나님이 느끼셨던 질투심을 사무엘 선지자도 동일하게 느꼈다. 하나님의 마음속 고통을 매우 생생히 체험했기 때문에 이스라엘이 자신을 거절한 것이 아니라 하나님을 거절했음에도 사무엘 선지자는 이 일을 개인적으로 받아들였다. 하나님께서 사무엘에게 "백성이 네게 한 말을 다 들으라 그들이 너를 버림이 아니요 나를 버려 자기들의 왕이 되지 못하게 함이니라"(삼상 8:7)라고 말씀하신 것도 바로 이러한 이유에서다.

신랑의 친구였던 세례자(침례자) 요한(John the Baptist) 역시 하나님의 질투심으로 자신의 마음을 불태웠던 사람이었다. 그는 당시의 종교 지도자들이 종교적 관습과 규율로 백성을 얽어매는 것을 오랫동안 지켜봐 왔다. 신랑의 도래로 종교적인 관행은 이미 거룩한 로맨스로 교체된 상태였으나 이스라엘은 시력을 잃어 신랑의 아름다움을 바라보지 못했다. 이러한 상황에서 자기 백성을 향한 하나님의 안타까운 심정을 세례 요한 역시 동일하게 느꼈다. 이제 그가 왜 그토록 열정적으로 하나님의 말씀을 선포했는지, 또 바리새인과 사두개인들을 향해 왜 그렇게 분개했는지, 그 이유가 명확해졌다(마 3:7-8 참조).

선지자들과 하나님의 감정적 일체화(一體化)는 호세아 선지자의 삶을 통해 시각적으로 상세하게 표현되었다. 하나님께서는 호세아에게 '고멜'(Gomer)이라는 이름의 여성과 결혼할 것을 명령하셨다. 하나님의 명령대로 호세아는 고멜을 사랑했다. 한동안 이 부부는 행복하게 지냈다. 심지어 슬하에 세 자녀를 두기까지 했다. 그러던 어느 날, 호세아는 자신의 아내가 바람피운 사실을 알게 되었다. 상대가 한두 명도 아니었다. 결국 고멜은 가정을 버리고 호세아의 곁을 떠났다. 하나님의 친구였던 호세아는 전에는 상상조차 하지 못했던 방법으로 하나님이 느끼셨을 배신의 아픔을 체험하게 되었다.

아내의 배신에 대한 하나님의 고통을 호세아가 고스란히 느끼게 된 것은 바로 이 사건을 통해서였다. 하나님께서 그에게 "너는 또 가서 타인에게 연애를 받아 음부 된 그 여인을 사랑하라 이스라엘 자손이 다른 신을 섬기고 건포도 떡을 즐길지라도 여호와가 저희를 사랑하나니"(호 3:1 참조)라고 말씀하셨을 때 호세아는 비로소 이스라엘을 향한 하나님의 끝없는 사랑을 깨닫기 시작했다.

율법의 요구대로라면 호세아는 고멜을 돌로 쳐 죽여야 했다. 그러나 하나님은 그에게 "가서 네 아내를 찾으라. 다시 그녀를 사랑하라"라고 명령하셨다. 다른 사람의 손에서 아내를 데려오기가 녹록치 않을 경우, 호세아는 값을 주고라도 그녀를 데려와야 했다. 물론 그 값도 만만치 않았다. 고멜의 상태는 굳이 말하지 않아도 최악의 상태였을 것임은 자명했다. 호세아에게는 충분한 돈이 없었기 때문에 고멜을 데려오는 데 현금과 보리 한 호멜 반을 가져가야 했다(호 3:2 참조).

호세아는 죄의 속박 아래 매어있던 고멜을 풀어주고 다시금 자신의 집으로 데려왔다. 그녀를 구원해준 것이다. 이후 그들의 혼인 서약은 재개되었다. 호세아가 고멜을 찾아간 사건은 자신의 신부를 향한 하나님의 끝없는 헌신을 예언(대언)적으로 보여준 그림이었다. 하나님은 이스라엘을 버리실 수 없었다. 그녀가 부정을 저질렀으나 결국 하나님은 그녀를 받아들이셨다.

호세아에게 주신 하나님의 말씀은 이것이다. "값을 얼마나 치르든 상관없다. 너는 가서 고멜을 찾아와라!" 하나님께서 자신의 친구, 호세아에게 이런 일을 시키신 이유는 하나님 역시 이와 동일한 일을 하기로 계획하셨기 때문이다. 하나님께서는 자신의 아내를 되찾기 위해 '궁극적인 가격'(예수 그리스도의 생명)을 치르기로 결심하셨다.

성경 전체에서 가장 열정적인 내용을 찾으라면 나는 호세아 2장

14-16절을 꼽겠다. 자신의 신부에 대해 하나님께서는 이렇게 말씀하셨다.

> 그러므로 내가 저를 개유하여 거친 들로 데리고 가서 말로 위로하고 거기서 비로소 저의 포도원을 저에게 주고 아골 골짜기로 소망의 문을 삼아 주리니 저가 거기서 응대하기를 어렸을 때와 애굽 땅에서 올라오던 날과 같이 하리라…그날에 네가 나를 내 남편이라 일컫고 다시는 내 바알(내 주인)이라 일컫지 아니하리라(호 2:14-16 참조)

여기에 사용된 '바알'(baal)이라는 단어는 이중적인 의미를 지니고 있다. 17절에서 보듯 이 단어는 주변국들이 섬기는 '거짓 신들'을 지칭하는 말일 수 있다(17절: 내가 바알들의 이름을 저의 입에서 제하여 다시는 그 이름을 기억하여 일컬음이 없게 하리라). 그러나 다른 뜻으로 '바알'이라는 단어가 사용된 곳도 있다. 구약에서 이 단어는 '남편'이라는 의미로 열다섯 번 사용되었다. 물론 문맥상 '주인'이라는 뜻의 '남편'이다. 그러므로 이 본문에서 '바알'은 이스라엘을 엄하게 부리는 '주인'(공사 감독관)이자 동시에 그녀의 '정부'로 등장한 것이다.

예를 들면, 이스라엘 백성은 바알의 마음을 얻고자 자기의 몸에 칼을 대기도 했다-갈멜 산에서 엘리야 선지자와 대결했던 바알의 사제들을 기억하는가? 하늘에서 불이 내려오지 않자 그들이 자해했던 사건을 생각해보라(왕상 18:28 참조). 바알 신을 자신의 연인으로 선택했을 때, 이스라엘은 아주 잔인하고 무자비한 주인을 사랑하기로 결심한 것과 같았다. 그러므로 호세아서 2장 16절의 일차적 의미는 다음과 같다. "너희는 나(여호와)를 혹독한 감독관이나 무자비한 주인이 아닌 '사랑스러운 남편'으로 여겨라."

나는 호세아 2장 16절의 말씀이 오늘날의 교회를 향한 예언적 말씀임을 확신한다. 자기 백성을 향한 질투 어린 사랑 때문에, 하나님께서는 '공포감에 사로잡혀 하나님을 섬겨야 하는' 저주로부터 우리를 풀어주신다. 이후 하나님은 아름다운 신랑의 모습으로 우리 앞에 나타나시며 불붙는 사랑으로 우리의 마음을 사로잡으실 것이다. 하나님은 우리가 벌 받을 두려움 때문에 '주인님'이라고 부르는 것을 원치 않으신다. 거룩한 열정으로 하나님을 '남편'이라고 부르기를 원하신다.

예수-질투하시는 연인
Jesus-The Jealous Lover

예수님은 자기 백성이 전심으로 주님을 사랑하고 주님께 헌신하기를 갈망하신다. 질투하기까지 갈망하신다. 아내의 불륜을 참는 남편이 없듯, 하나님 역시 우리가 저지르는 영적 불륜을 참지 못하신다. 외간 남자가 홀리려는 의도로 아내에게 다가서는 것을 보고도 아무렇지 않게 생각하는 남편이 있겠는가? 도대체 어떤 남편이 그러한 상황에서 질투심을 느끼지 않겠는가? 다른 남자가 자기 아내를 유혹하는 것을 보고도 가만히 놔두는 남편이 있다면 둘 중 하나다. 맞설 용기가 없거나 도덕적으로 문제가 있거나. 혹 아내에 대한 사랑이 부족해서, 아니면 결혼생활을 지키려는 열정이 모자라서일지도 모르겠다.

신부를 사랑하시는 예수님의 열정이 마태복음 10장 37절에 적나라하게 묘사된 것을 볼 수 있다. "아비나 어미를 나보다 더 사랑하는 자는 내게 합당치 아니하고 아들이나 딸을 나보다 더 사랑하는 자도 내게 합당치 아니하다"(마 10:37). 이 말씀은 다음과 같이 해석할 수 있다. "나는 네가 네 아버지나 네 어머니를 사랑하는 것을 반대하지 않는다. 사실 나는 네가 네 부모를 사랑하기를 원한다. 그러나 나보다 그들을 더 사랑해서는 안 된다. 그 어떤 누구도, 그 어떤 무엇도 나보다 더 사랑해서는 안 된다. 내 이름은 네가 사랑하는 사람과 사물의 목록, 맨 윗줄에 기록되어야 한다!"

신부로부터 변치 않는 사랑과 헌신을 받기 원하시는 주님의 불타는 갈망은 야고보서 4장 4-5절에 더욱 자세히 기록되었다. 4절의 말씀을 보면 초대교회 교인 중 몇몇이 이미 세상의 생활 습관에 젖어 세상과 벗하여 살았음을 알 수 있다. 야고보의 말을 빌리자면, 하나님의 백성이 영적 간음을 저지르고 있었던 것이었다. 야고보는 그들의 간음죄를 지적하고 책망하며 주님께로 돌아올 것을 호소하였다.

> 간음하는 여자들이여 세상과 벗된 것이 하나님의 원수임을 알지 못하느뇨 그런즉 누구든지 세상과 벗이 되고자 하는 자는 스스로 하나님과 원수 되게 하는 것이니라 너희가 하나님이 우리 속에 거하게 하신 성령이 시기하기까지 사모한다 하신 말씀을 헛된 줄로 생각하느뇨(약 4:4-5)

너는 남편의 적과 통정한 음녀와 같구나! 네가 하나님의 원수(이 세상의 악한 즐거움)와 벗하면 네 자신이 하나님의 원수가 된다는 사실을 알지 못하느냐? 다시 말하지만 구원받지 못한 이 세상의 사악한 쾌락을 즐기는 것이 네 목적일진대, 그렇다면 너는 하나님의 친구가 될 수 없구나. 혹, 이러한 성경 구절을 읽으면 어떤 생각이 드는가? "네 안에 성령을 두신 하나님께서 거룩한 질투심으로 너를 지켜보신다!"(TLB)

하나님은 자신에게서 우리의 사랑을 앗아갈 그 어떤 라이벌도 가만히 두지 않으신다. 야고보는 이 사실을 강한 어조로 이야기했다. 하나님은 우리와 맺으신 사랑의 관계를 소중히 여기시기 때문에 이 관계를 위협하는 모든 것은, 그의 사랑에 불살라질 것이다. 그러므로 '책망'은 우리가 (어떤 것에든) 유혹을 받고 하나님으로부터 마음을 돌이켜 파괴된 삶을 살아갈까 봐 염려하시는 하나님의 경고이자 그의 마음속 질투심의 표현이다. 우리는 이 사실을 반드시 이해해야 한다. 하나님은 우리의 사랑을 갈망하신다. 우리의 충성심에 감탄하신 나머지, 모든 것을 넘어서는 사랑으로 우리를 품에 안으시기를 하나님은 원하신다!

마침 기도
Closing Prayer

아버지, 나를 향한 당신의 질투 어린 사랑을 깨달았을 때 내 마음은 이미 당신의 사랑으로 녹아내렸습니다. 날마다 내 마음과 생각을 새롭게 하시

> 고, 두려움 때문에 당신을 섬기려는 매일의 습관으로부터 나를 구원하여주세요. 나를 향한 당신의 사랑을 깨달아 그 사실을 붙잡고 살아가는 은혜를 허락해주세요. 나 역시 당신을 향해 거룩한 열정으로 더욱더 불타오르기를 원합니다. 예수님의 이름으로 기도합니다. 아멘.

주)―――――――――――

1. Philip Yancey, "What Surprised Jesus", *Christianity Today*, 1994.9.12, p.88.

제8장

낙원이 회복되다

Paradise Restored

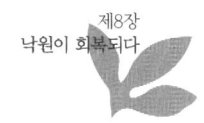

제8장
낙원이 회복되다

    천지창조의 서막이 올랐을 때, 하나님은 '탄성을 자아낼 만큼' 아름다운 일을 하시느라 분주하셨다. 아름답고 흥미롭고, 또 모험으로 가득한 세계를 창조하셔서 사람들의 마음에 '감명'을 주고자 하셨다. 잠시 시간을 내어 그때 일어났던 일들을 생각해본다면, 하나님의 기쁨이 그 모든 것 안에 깃들어있음을 깨닫게 될 것이다. 성경은 "그때에 새벽 별들이 함께 노래하며 하나님의 아들들이 다 기쁘게 소리 하였었느니라"(욥 38:7)라고 천지창조의 분위기를 묘사하고 있다. 안타깝게도 우리는 그 순간을 공유하지 못했다. 다만 스스로 만드신 모든 것을 바라보며 기뻐하시는 하나님, 또 하나님의 지휘 아래 새벽 별과 하나님의 아들들(혹은 천사들)이 찬양하는 모습을 상상해볼 뿐이다.

    하나님께서 남자와 여자를 창조하시고 그들을 낙원에 두셨다. 하나님은 이 부부에게 손수 만드신 결혼 선물(이 세상)을 건네시며 말씀하셨다. "자 받아라. 이 모든 것이 너희의 것이란다." 하나님은 자신과의 친밀한 교제를 위해 아담과 하와를 창조하셨다. 이들로 하여금 하나님 사랑의 순수한 기쁨을 맛보게 하고자 이들을 만드셨다. 이보다 더 좋을 수 있겠는가?

    하지만 그 짧은 밀월의 시간이 끝난 후, 이 부부는 '적과의 동침'으로 하나님의 마음을 아프게 했다. 이 사건 때문에 하나님께서는 다음과 같은 날카로운 질문으로 인류 역사의 첫 번째 부부를 심문하실 수밖에 없었다. "네가 어찌하여 이렇게 하였느냐"(창 3:13 참조). 주님의 떨리는 목소리 속에 배신당한 자의 아픔이 서려있다. 아담과 하와의 '타락'은 단순한 우발적 범죄가 아니다. 그것은 하나님의 사랑에 대한 철저한 배반이었다. 태초에 하나님은 사랑으로 아담과 하와를 지으셨다. 그런데 그들은 하나님께 등을 돌렸다. 손바닥으로 하나님의 얼굴을 가격했다. 사탄의 거짓말을 믿고 하나님의 선하심을 의심했다. 모든 일을 자기 스스로 판단하고자 했던 것이다. 그 결과 낙원은 사라졌다.

그러나 하나님은 사탄도, 또 아담과 하와도 결코 상상하지 못했던 일을 이미 마음속에 계획해놓으신 상태였다. 최악의 범죄, 그 처절한 상태를 경험했던 인간을 향해 하나님이 공표하셨다. "다시금 인간을 내게로 인도하리라"(창 3:15 참조). 인류를 향한 하나님의 러브스토리는 이때부터 시작되었다.

물론 사탄은 중심 무대를 독차지하려고 했다. 하나님의 러브스토리에서 본인이 주인공 역할을 하려 했던 것이다. 경건치 못한 질투에 눈이 멀어, 사탄은 하나님과 인간의 영원한 로맨스를 파기하고 세상을 뒤엎으려고 했다. 이것이 그의 궁극적인 목적이 아닌가? 그의 영향 아래 인류는 점점 더 악해져만 갔다. 심지어 하나님께서는 이들의 타락을 보시며 "내가 인간 지은 것을 후회하노라"라고 말씀하셨다.

하지만 인류를 향한 하나님의 열정적인 사랑은 멈추지 않았다. 하나님께서는 노아의 손을 잡고 인류 역사를 다시 시작하셨다. 이후 아브라함을 거쳐 마침내 이스라엘과 함께 새로운 역사를 집필하셨다. 하나님은 장차 자신을 사랑하고 흠모할, 한 민족을 마음에 담아두셨던 것이다—영원토록 행복한 삶을 공유할 민족 말이다. 위대한 이야기꾼이신 하나님은 영원한 로맨스의 이야기 속으로 이스라엘을 들이셨다. 그들은 하나님을 알고 사랑하는 것이 얼마나 기쁜 일인지를 깨닫게 될 것이다. 하나님께서는 이스라엘에게 자신의 심정을 이해시키기 위해, 또 낙원이 회복될 방법을 이해시키기 위해 아주 효과적인 교수법(教授法, 사물을 이용한 가르침)을 사용하셨다.

성막
The Tabernacle

하나님께서는 모세에게 성막을 지으라고 명령하시며 그 설계도를 보여주셨다. 하늘에 있는 성막의 식양을 그대로 본뜬 설계도였다. 모세는 모든 사람이 볼 수 있도록 성막을 진영 한가운데에 위치시켰다(출 25-27장 참조). 성막은 조립식이어서 가나안 땅으로 여행하는 길에 운반할 수 있었다. 이스라엘의 초기 역사를 보면 이 성막은 유대인들이 모여서 예배하는 장소로 사용되었음을 알 수 있다.

구약성경은 성막을 '회막'(會幕, 사람들이 모이는 텐트)으로도 지칭하였다. 왜냐하면 원래 하나님께서는 자신이 선택한 신부와 함께 거하시며 그들에게 자신의 법도를 가르치실 수 있는 공간으로서 성막을 디자인하셨기 때문이다. 백성이 자신의 소유를 헌물하고 또 노동력을 제공하였기 때문에, 하나님이 알려주신 식양 그대로 성막이 완성될 수 있었다. 성막이 완성되자 하나님께서는 구름으로 성막을 덮으셔서 그들의 노고를 치하하시며 그들에게 복을 내려주셨다. 그리고 성소를 자신의 영광으로 가득 채우셨다(출 40:34).

진영
The Campsite

이스라엘의 열두 부족은 성막을 중심으로 각자의 진영을 펼쳤다. 하나님이 명령하신 대로 위치를 정하여 자신들의 장막을 쳤는데, 그 중앙에는 하나님의 성막이 위치했다(민 2-3장 참조). 각 부족은 자신의 진영에 깃발을 세웠다(민 2:2 참조). 성막의 동편에는 유다(Judah) 지파가 자리했다. 이들이 꽂은 깃발에는 보라색 배경에 금색 사자 문양이 새겨있다. 성막의 서편에는 에브라임(Ephraim) 지파가 자리했다. 이들의 기에는 금색 바탕에 검은색 황소가 새겨있다. 르우벤(Reuben) 지파는 성막의 남쪽에 위치했는데 금색 바탕에 사람 문양이 새겨있다. 북편에는 단(Dan) 지파가 자리했다. 그들의 기에는 푸른 바탕에 금색 독수리 문양이 새겨있다.

각각의 깃발에 새겨진 상징은 에스겔서 1장 10절과 요한계시록 4장 7절에 다시 한 번 등장한다. 사자는 통치하는 왕을 상징하고 황소는 비천한 종을 상징한다. 사람은 이 땅 위에서 가장 위대한 존재를 상징한다. 그리고 독수리는 가장 위대한 천상의 존재를 상징한다.

성막 뜰
The Courtyard

성막의 사방은 흰 천의 울타리로 둘러싸여있다. 흰 천의 울타리로 둘린 전체 공간을 '성막 뜰' 이라 부르고 성막은 성막 뜰 안에 위치한다 (출 27:9-18 참조). 울타리로 둘린 직사각형 모양의 땅은 동서로 150피트, 남북으로 75피트의 규모다. 성막 뜰에는 누구든 입장할 수 있으나 성막(텐트) 안에는 오직 제사장들만이 들어갈 수 있었다. 성막은 입구 쪽의 공간인 성소(Holy Place)와 안쪽 공간인 지성소(Holy of Holies), 이렇게 두 부분으로 나뉘는데 지성소는 성소의 절반 크기다. 지성소에는 오직 대제사장만 출입할 수 있었다. 그것도 일 년에 단 한 번, 대속죄일에만 들어갈 수 있었다.

덮개
The Coverings

성막의 천정, 그러니까 텐트의 덮개는 두 겹이었다(출 26:14 참조). 모든 사람이 볼 수 있는 외피(외부 덮개)는 오소리의 가죽으로 만들어졌다. 가죽의 색은 전체적으로 어둡고, 아름답지 않은 진회색이었다. 오소리 가죽의 덮개 바로 밑에 있는 또 다른 덮개(내피)는 사람들의 눈에 보이지 않는다. 이스라엘 백성은 하나님의 명령에 따라 이 내피를 숫양의 가죽으로 제작한 뒤 붉은 색으로 염색해야 했다. 기억하라! 숫양은 이삭을 대신하여 희생된 제물이었다(창 22:13 참조). 그뿐만 아니라 성경에 나타난 '붉은 색'은 '피 흘림'을 상징한다.

입구
The Entrance Gate

성막 뜰 안으로 들어가는 입구는 하나뿐이다. 동편에 나있는 성막 뜰의 입구를 '출입문'이라고 부른다(아담과 하와가 에덴의 동편으로 쫓겨났다는 사실을 이해하는 것이 매우 중요하다). 하나님께서 받으실 만한 제물이 없으면 누구든 이 동편 출입문으로 들어올 수 없었다. 이 점도 기억하기 바란다.

놋 제단(번제단)
The Brazen Altar

성막 뜰을 밟은 자가 처음으로 보게 되는 것은 놋으로 만든 번제단이다. 가로 세로 7.5피트의 정방형이며 높이는 4.5피트다. 번제단은 사람들이 희생제를 드리는 곳이다. 놋으로 만든 이 제단을 성경은 '번제의 제단'(Altar of Burnt Offering)이라고도 불렀다(출 30:28 참조). 제물을 가지고 번제단 앞 제사장에게 나오기 전까지 이스라엘 민족은 하나님에게 용서도, 복도 받을 수 없었다.

성막과 모든 제단과 기구는 피 뿌림을 받아야 정결해질 수 있었다. 하나님께서 제정하신 방법대로 피의 제사를 드리지 않고서 하나님 앞에

나갈 수 있는 방법은 없다. 이 점은 레위기 17장 11절을 통해 부각된다. "육체의 생명은 피에 있음이라 내가 이 피를 너희에게 주어 단에 뿌려 너희의 생명을 위하여 속하게 하였나니 생명이 피에 있으므로 피가 죄를 속하느니라"(레 17:11).

제사를 드릴 사람은 제물에 칼을 대기 전, 제단 앞에 서서 살아있는 짐승의 머리에 손을 얹고 자신의 죄와 자신이 당해야 할 죽음을 제물에게 전가하는 예식을 거행한다. 그가 짐승을 매달아 칼로 자르기 시작할 때 제사장은 대야를 그 밑에 받쳐 떨어지는 피를 받는다. 그리고 그 피를 제단 아래, 땅에 쏟는다. 제사를 드리는 사람은 자신과 가족의 모든 죄가 피 흘리며 죽어가는 짐승에게 '상징적으로' 전가되었음을 믿고, 확신 가운데 하나님 앞으로 나아가야 했다. 죽임 당한 짐승은 그들의 죄에 대한 대속물이다. 물론 그들은 짐승의 피 자체로는 자신들의 죄를 없애지 못한다는 것을 알고 있었으나, 하나님께서 임하셔서 죄를 사해주시기까지 그 피가 자신들의 죄를 덮어준다는 사실도 알고 있었다.

놋 물두멍(큰 물 그릇)
The Brazen Laver

성막 뜰 안, 번제단 뒤편에 놋으로 만든 커다란 대야가 놓여있다. 물두멍이라고 불리는 이 큰 대야는 약 4-5피트 정도의 높이이고 그 안은 물로 가득하다. 거울에 사용되는 금속인 놋(광낸 놋)을 쳐서 제작되었다.

아론과 그의 아들들이 처음 제사장으로 성별(혹은 구별)되었을 때, 그들은 이 물두멍에서 자기들의 몸 전체를 씻어야 했다(출 29:4 참조). 이때의 전신욕은 제사장 취임식으로 거행된 상징적(ceremonial)인 '씻음 행위'였다. 이후로는 손과 발만 씻으면 되었는데 주님께서는 제사장들에게 제단에서 봉사하기 전이나 성소로 들어가기 전, 물두멍에서 씻을 것을 명령하셨다(출 30:20 참조). 성막에서의 사역으로 그들의 손과 발과 의복은 쉽게 '더럽힘'을 입었다. 때문에 물두멍에서의 세정과 세척이 필요했다. 물두멍은 '씻을 물'을 제공하는 공급처였다.

성소
The Holy Place

(번제단과 물두멍을 지나면 텐트 구조물을 볼 수 있다. 이것을 '성막'이라 부르는데 성막은 두 개의 공간으로 구분된다. 입구 쪽 공간을 성소, 휘장 너머의 작은 공간을 지성소라 부른다. 한글 성경에는 성막[tabernacle]과 성소[The Holy Place]가 혼용되어 번역되었지만 그 구조를 이해하는 데에는 큰 무리가 없다-역자 주)

성소의 입구는 파랑, 보라, 자주색의 세마포(linen)로 덮여있다. 세마포 휘장을 걷고 성소에 들어가면, 성소를 두 개의 공간으로 나누는 또 다른 휘장을 볼 수 있다. 입구 쪽에 위치한 공간을 성소(The Holy Place)라고 칭하고 휘장 너머의 작은 공간을 지성소(The Holy of Holies)라고 부른다. 성소의 넓이는 지성소의 두 배다. 성소에는 금 촛대, 진설병 탁자, 그리고 향단(향을 피우는 제단), 이렇게 세 점의 가구가 배치되어있다.

금 촛대
The Golden Lampstand

성소에 들어서면 바로 좌편에 금 촛대가 선 것을 볼 수 있다(출 37:17-24 참조). 금 촛대는 대략 107파운드 정도의 무게다. 촛대의 형상은 중앙 버팀대의 좌우로 각각 세 개의 가지가 연결된 모양이다. 버팀대를 포함하여 총 일곱 개의 가지로 구성되어있고 각 가지의 끝부분에는 금잔이 놓여있다. 중앙 버팀대(중앙 가지)는 좌우 여섯 개의 가지에 계속해서 기름을 공급해주는 파이프라인 역할을 한다. 그리고 여섯 개의 가지 끝에 놓인 각각의 금잔에서는 불빛이 나오는데 그 불빛은 중앙 버팀대를 더욱 환하게 비춰준다. 제사장들은 매일 아침저녁으로 금잔의 심지를 정리하여 항상 성소를 밝혔다(성소의 불은 꺼지지 않았다). 성소 안으로는 다른 어떤 조명기구도 들일 수 없었다. 제사장들의 성소 봉사를 용이케 하기 위한 조명은 오직 금 촛대뿐이었다.

진설병 탁자
The Table of Shewbread

금 촛대 맞은편, 즉 성소의 오른쪽으로는 진설병 탁자가 놓여있었다(출 37:10-16 참조). 이것은 가로 3피트, 세로 1.5피트, 높이 2.5피트 규모의 탁자다. 제사장은 이 테이블 위에 각 지파를 대표하는 빵(총 열두 덩이의 빵)을 여섯 개씩 세로로 쌓아 두 무더기로 진설했다. 이후 각각의 빵에는 유향이 발라졌다. 안식일마다 기존의 진설병은 새로 구운 빵들로 대체되었고, 제사장들은 그 '옛 빵'을 음식으로 섭취했다. 진설된 빵의 두 무더기 옆에는 쟁반들과 포도주잔들이 함께 놓여있었다.

진설병 탁자는 그 위에 진설된 빵과 포도주와 더불어 '언약의 음식'을 상징해주었다. 당시의 사람들은 계약(혹은 언약)을 체결할 때, 계약이 성사된 것을 상징하는 징표로 당사자들과 함께 한자리에 앉아 음식을 나누었다. 이와 마찬가지로 진설된 열두 덩이의 빵과 포도주는 이스라엘 나라 전체가 하나님과 언약 관계에 있다는 사실을 상징해주었다. 안식일에 제사장들이 빵을 먹고 포도주를 따랐던 행위는 이스라엘 모든 민족의 대표로서 행한 일이었다. 즉, 온 이스라엘 백성이 하나님 앞에서 '언약의 음식'을 섭취한 것과 다름없었다. 또한 백성을 대신하여 제사장들이 음식을 섭취했을 때, 그것은 온 이스라엘이 하나님의 생명을 받아 누린다는 점을 상징적으로 보여준 행위였다.

향단(향을 피우는 제단)
The Altar of Incense

성소에 들어서면 정면으로 향단이 보였다(출 37:25-29 참조). 가로 세로 1.5피트의 장방형에 높이가 3피트 정도 되는 제단이다(번제단과 마찬가지로 향단의 네 귀퉁이 역시 뿔처럼 뾰족하게 제작되었다. 이것을 '제단뿔'이라고 부른다-역자 주). 제사장들은 매일 아침저녁으로 불붙은 숯을 향로에 담아 성소 안으로 가져왔다. 그리고 그 숯을 향단 안에 넣고 숯 위에 향을 흩뿌렸다. 향료가 숯에 닿으면 흰 연기와 함께 향기가 피어올라 성소를 가득 메웠다. 일 년 중 하루, 대속죄일에 이스라엘의 대제사장은 번제단에서 잡은 속죄 제물(sin offering)의 피를 성소 안으로 가져와 향단의 네 뿔에 바르고, 이후 향단에서 피어오르는 향기를 온몸에 머금은 채 휘장을 걷어 지성소로 들어갈 수 있었다.

지성소
The Holy of Holies

성막을 '성소'와 '지성소'로 갈라놓은 것은 두꺼운 휘장(두 번째 휘장-성소 입구의 휘장을 첫 번째 휘장, 성소와 지성소 사이의 휘장을 두 번째 휘장이라고 한다-역자 주)이었다. 이 휘장은 굵은 색실로 촘촘하게 직조되었기 때문에 두 마리의 황소가 서로 반대 방향으로 잡아당겨도 찢어지지 않을 정도였다. 휘장 너머엔 여호와 하나님의 임재가 머무는 보좌의 처소, 곧 지성소가 있다. 일 년 중 하루, 대속죄일에만, 그것도 오직 대제사장 한 명만 지성소로 들어갈 수 있었다.

언약궤
The Ark of the Covenant

지성소에는 오직 언약궤 하나만 놓여있다. 언약궤는 아카시아 나무로 만들어진 조그마한 상자를 지칭한 이름이다. 가로 45인치, 세로 27인치, 높이 27인치 정도의 규모였다(출 25:10-22 참조). 언약궤의 네 귀퉁이에는 고리가 달려있는데 좌편 두 고리에 장대 하나, 우편 두 고리에 장대 하나, 이렇게 두 개의 장대를 끼워 네 사람이 어깨에 메고 운반하였다. 언약궤는 '하나님의 궤', '증거 궤', '법궤' 라고도 불렸다. 언약궤는 이스라엘 백성 가운데에 거하시는 하나님의 임재를 상징해주었다.

상자를 덮는 뚜껑(덮개)은 금으로 제작되었다. 그 명칭은 '속죄소' 또는 '시은좌' 다(언약궤의 덮개를 영어 성경은 mercy seat으로 번역했는데 '하나님께서 앉으셔서 죄 사함의 은혜를 베푸시는 의자' 라는 뜻이다. 이러한 뜻에서 한글로는 '시은좌' [은혜를 베푸는 의자] 혹은 '속죄소' [죄를 속하는 장소]로 번역되었다-역자 주). 대제사장은 일 년에 한 번 지성소로 들어가 이스라엘 전체의 죄를 대속하기 위해 속죄소, 즉 언약궤의 뚜껑 위에 속죄 제물의 피를 뿌렸다(레 16:15 참조).

덮개 위로는 날개 달린 천사(케루빔) 모양의 조각 두 점이 부조(浮彫)되어있다. 이 두 케루빔 조형물은 날개를 펼친 채 서로 얼굴을 마주 한 모습이다. 엄밀히 말해 속죄소는 이 두 천사 조형물 사이의 공간을 가리킨다. 속죄소에는 눈이 멀 정도의 밝은 빛이 닿아있는데 그 빛을 가리켜 '쉐키나'(shekinah)라고 불렀다. 그 뜻은 '하나님 영광의 임재' 다.

언약궤 안에는 십계명 두 돌 판, 살구(아몬드)의 싹이 난 아론의 지팡이, 그리고 만나를 담은 금 항아리가 들어있었다. 십계명이 적힌 두 개의 돌 판을 '증거판'(Testimony)이라고도 불렀다(출 25:16 참조). 하나님께서는 자신의 성품, 마음, 법도에 대한 증거로서 이스라엘에게 말씀을 주셨다(말씀을 통해 자신의 성품과 마음과 법도를 알리셨다). 그러므로 십계명이 적힌 돌

판을 '증거판' 이라고 부른다. 아론의 싹 난 지팡이('하나님의 권한 대행'을 상징) 역시 언약궤 안에 놓였는데, 이는 아론을 통해 하나님께서 펼치시는 리더십의 정당성을 상기시켜주는 상징물이다-당시 아론의 리더십에 반기를 들었던 이스라엘 백성이 있었기 때문이다(민 16, 17:1-10 참조). 만나를 담은 금 항아리는 광야를 헤매던 이스라엘 백성에게 하나님께서 허락하셨던 '초자연적인 공급' 을 상기시켜준다(시 78:23-24 참조).

이스라엘 민족이 시내 산을 떠날 때, 언약궤는 백성의 행렬보다 앞서 행진했다(민 10:33 참조). 그들이 요단강을 건너 가나안에 입성할 때도 (수 4:9-11 참조), 여리고 성 주위를 돌아 그 성을 함락시킬 때에도(수 6:1-20 참조) 언약궤가 앞장섰다. 이 언약궤는 결국 예루살렘 성내 솔로몬의 성전 안에 안치되었다(왕상 8:1-9 참조). 하지만 B.C. 586년, 바벨론에 의해 예루살렘이 함락될 때, 언약궤는 사라지고 없었다.

유대인들에게 임한 하나님의 현존을 시각적으로 상기시켜준 상징물이 바로 언약궤다. 금으로 덮인 속죄소는 하나님을 자신의 구세주요 통치자로 인정하는 모든 사람의 마음에 '하나님의 보좌', '하나님의 통치' 로 각인되었다.

성막-그리스도의 초상(肖像)
The Tabernacle as a Picture of Christ

성막 제작에 사용된 재료, 색상, 가구의 종류와 배치 등, 성막과 관련된 세부적인 요소를 살펴보면 과연 성막이 예수 그리스도의 인격 및 구원의 도(道)를 묘사하고 있음을 깨달을 수 있다. 먼저 성막은 하나님의 아름다움과 영광을 물리적으로, 가시적으로 보여주고 있다. 또한 인류를 대신하여 예수님께서 드리신 희생제와 구원 사역을 대변해주기도 한다.

진영
The Campsite

앞에서 설명했던 진 기(旗, flag)는 네 복음서에 묘사된 예수님의 독특한 삶과 사명을 상징해준다. 마태복음에서 예수님은 유대인의 왕으로 묘사된다. 유다 진영의 사자 깃발이 이를 상징한다. 마가복음에서 예수님은 고난받는 종으로 묘사된다. 황소 문양의 깃발이 이를 상징한다. 누가복음은 예수님의 인성(곧 이 땅에서 가장 위대한 존재인 사람의 면모)을 강조하여 그가 '사람의 아들' 임을 이야기한다. 사람 문양의 깃발이 이를 상징한다. 그리고 요한복음은 예수님의 신성(곧 하늘에서 가장 위대한 존재인 신의 면모)을 강조하여 그가 '하나님의 아들' 임을 이야기한다. 독수리 문양의 깃발이 이를 상징한다.

성막의 덮개
The Coverings

"태초에 말씀이 계시니라 이 말씀이 하나님과 함께 계셨으니 이 말씀은 곧 하나님이시니라." 요한복음 1장 1절의 말씀이다. 14절은 다음과 같이 증언한다. "말씀이 육신이 되어 우리 가운데 거하시매 우리가 그 영광을 보니 아버지의 독생자의 영광이요 은혜와 진리가 충만하더라."

예수님은 육체가 되어 인간 가운데에 거하셨던 '말씀'이었다(요 1:15, 계 19:13 참조). '거하다'라는 동사의 헬라 원전은 '거주함, 진을 침, 내주함, 혹은 성막'의 뜻이다. 예수님은 사람의 모습으로 나타난 이 땅 위의 '성막'이시다. 삼위 하나님의 신성이 예수 그리스도의 육체 가운데에 영원히 가득했다(골 1:19, 2:9 참조). 비록 사람의 손으로 지은 성막이었지만 하나님의 영광과 아름다움이 지성소 안에 머물렀다. 그러므로 손으로 짓지 아니한 성막, 곧 예수 그리스도 안에 하나님의 영광과 아름다움이 영원히 거한다는 사실은 당연한 결과이리라!

사도 바울은 "하나님의 영광은 그리스도의 얼굴을 통해 빛난다"라고 말했다(고후 4:6 참조). 그는 심지어 예수님을 가리켜 '영광의 주'(하나님)라고도 불렀다(고전 2:8). 오소리 가죽으로 만든 성막(텐트)의 덮개가 하나님의 영광을 가렸듯, 그 동일한 하나님의 영광이 예수님(성막)의 육체라는 베일에 감춰져 있었다. 외관상 나사렛 출신의 이 목수에게는 우리가 흠모할 만한 아름다움도 매력적인 면모도 없었다. 정말 아무것도 없었다. 그저 평범한 목수였을 뿐이었다. 주의 깊은 사람이 아니라면 영광의 하나님께서 사람들 가운데 거하신다는 사실이 도무지 믿어지지 않았을 것이다.

기억하라. 붉게 물들인 숫양의 가죽이 회색빛의 어두운 오소리 가죽 바로 밑에 자리하고 있다는 사실을 말이다. 외모(외부)만 보면 숫양의 가죽은 보이지 않는다. 마찬가지로 예수님의 혈관을 타고 흐르는 '하나님의 피'는 그의 피부에 가려져 보이지 않는다. 예수님의 보혈은 하나님과 언약을 맺게 될 모든 이의 죄를 사하기 위해 흘려져야 했다.

새 언약을 통해 예수님은 사람들 안에 들어와 거하실 수 있게 되었다. 성령을 통해서 이러한 일이 가능하다. 하나님의 영광은 더 이상 사람의 손으로 지은 텐트, 혹은 성전 건물 안에 거하시지 않는다. 예수님은 언약 관계에 있는 모든 백성의 마음속에 거하신다. 자신을 구세주로 고백하고 영접하는 모든 사람 안에 들어가 사신다. 이제 하나님의 영광을 자신의 육체 가운데에 모시고 사는 모든 사람이 바로 '성막' 곧 '하나님의 거처'가 되는 것이다.

출입문
The Entrance Gate

성막으로 들어가는 문은 동쪽에만 있다. 출입구 바로 앞에는 유다 지파가 진을 치고 있다. 유다의 깃발은 자주색 바탕에 금으로 새겨진 사자 문양임을 기억하라. 예수님은 유다 가문 출신이시다(계 5:5). 금색은 예수님의 신성을, 자주색 바탕은 온 인류를 위해 흘리신 예수님의 보혈을 상징한다. 유다 지파, 깃발, 그리고 동쪽 문—이 모두는 모든 유대인의 마음속에 "내가 곧 길이요 진리요 생명이니 나로 말미암지 않고는 아버지께로 올 자가 없느니라"(요 14:6)라고 말씀하신 예수님을 상기시켜주었다. 예수님은 회복될 낙원으로 향하는 유일한 입구다.

놋 제단(번제단)
The Brazen Altar

놋 제단은 그리스도의 십자가를 상징한다. 제사장이 제물의 피를 받아 제단 아래에 쏟은 것처럼, 예수님의 보혈 역시 십자가 밑에 쏟아졌다. 예수님은 인류를 위한 희생제로, 하나님께 바치는 화목제로 자신을 내어주셨다(엡 5:2 참조).

죄를 알지도 못하신 예수님께서 속죄 제물이 되셨다. 그의 희생을 통해 모든 사람은 의롭게 될 수 있다. 우리가 '하나님의 의'가 될 수 있다는 것이다(고후 5:21 참조). 각 사람이 믿음으로 그리스도를 영접할 때, 하나님의 의는 우리의 의가 된다.

아버지 앞에서 그리스도가 갖는 지위를 우리도 동일하게 갖게 된다. 그 결과 아버지의 임재(지성소) 안으로 들어갈 수 있고 거기서 아버지와 친밀한 교제를 나누게 된다.

동물의 피는 오직 죄를 가릴 뿐이지만, 예수님의 피는 죄를 '씻기'(take away, 멀리 보내기) 때문에 하나님께서는 예수님의 피에 씻긴 죄는 더 이상 기억하지 않으신다. 궁극적인 희생제가 드려졌기에 더 이상의 제사가 필요치 않다(히 9-10장 참조).

십자가에 달리신 예수님의 말씀 "다 이루었다!"(요 19:30)가 바로 이 의미다. 예수님을 믿고 영접한 사람들, 그의 희생을 믿는 모든 사람의 죗값은 말끔히 청산되었다.

놋 물두멍(큰 물 그릇)
The Brazen Laver

놋 제단이 그리스도의 죽음을 상징하는 반면, 물두멍은 그의 삶-자신을 보내신 아버지의 뜻을 위해 성별된 그리스도의 삶-을 상징한다. 예수님이 말씀하셨다. "아버지께서 나를 세상에 보내신 것같이 나도 저희를 세상에 보내었고…"(요 17:19).

또한 물두멍은 성령의 역사 가운데에 신자들의 마음에 들어오신 예수님의 생명을 상징하기도 한다. 예수님께서 니고데모에게 하신 말씀을 기억하는가? "진실로 진실로 네게 이르노니 사람이 물과 성령으로 나지 아니하면 하나님 나라에 들어갈 수 없느니라…내가 네게 거듭나야 하겠다 하는 말을 기이히 여기지 말라"(요 3:5, 7).

물두멍에 가득 담긴 물은 하나님의 말씀을 영적으로 묘사한 상징이다. 말씀 앞에 헌신 된 삶, 말씀에 순종하는 삶을 통해 각 사람은 죄의 권세로부터 끊어지며 지속되는 정결함을 경험하게 된다. 다윗은 이 사실을 재해석하여 자신의 시에 기록하였다. "청년이 무엇으로 그 행실을 깨끗케 하리이까 주의 말씀을 따라 삼갈 것이니이다 내가 주께 범죄치 아니하려 하여 주의 말씀을 내 마음에 두었나이다"(시 119:9, 11). 예수님 역시 하나님 말씀의 정결케 하는 능력에 대해 말씀하셨다(요 15:3 참조).

성소
The Holy Place

그리스도는 자신의 희생으로 구약의 제사를 완성하셨다. 그뿐만 아니라 친히 성소로 들어가는 입구가 되어주셨다. 요한복음 10장 9절을 보라. "내가 문이니 누구든지 나로 말미암아 들어가면 구원을 얻고 또는 들어가며 나오며 꼴을 얻으리라."

금 촛대
The Golden Lampstand

세례 요한은 예수님에 대해 이렇게 말했다. "그 안에 생명이 있었으니 이 생명은 사람들의 빛이라"(요 1:4). 예수님 역시 자신에 대해 "내가 세상에 있는 동안에는 세상의 빛이로라"(요 9:5)라고 말씀하셨다. 요한일서 1장 5절을 보라. "하나님은 빛이시라 그에게는 어두움이 조금도 없으시니라."

인간으로서의 예수님은 백성에게 하나님의 마음을 계시하신 빛이셨다. 예수님은 사람들을 향해 사랑의 마음을 불태우시는 하나님의 형상이셨다. 하나님의 아름다움과 찬란함을 온전히 계시하신 '완전한 이미지'이셨다. 하나님께서는 사람과 친밀한 관계를 맺기 위해 노력하셨다. 예수님께서는 사람들의 마음에 빛을 비추어 그들로 하여금 이러한 하나님의 사랑을 깨닫게 하셨다.

진설병 탁자
The Table of Shewbread

언약의 음식을 상징해주는 진설병 탁자는 십자가에서의 죽음 가운데 예수님이 우리에게 떼어주신 자신의 살과 흘리신 보혈을 생각나게 한다. 또한 이 살과 피를 통해 하나님과 우리가 연합되었다는 사실을 상기시켜준다. 예수님은 말씀하셨다.

> 나는 하늘로서 내려온 산 떡이니 사람이 이 떡을 먹으면 영생하리라 나의 줄 떡은 곧 세상의 생명을 위한 내 살이로라 하시니라 예수께서 이르시되 내가 진실로 진실로 너희에게 이르노니 인자의 살을 먹지 아니하고 인자의 피를 마시지 아니하면 너희 속에 생명이 없느니라 내 살을 먹고 내 피를 마시는 자는 영생을 가졌고 마지막 날에 내가 그를 다시 살리리니(요 6:51, 53-54)

향단
The Altar of Incense

성경에서 '향'은 기도의 상징이다(시 141:2, 계 5:8, 8:3-4). 향단은 예수님께서 드리신 대제사장의 기도를 상징한다. 하나님이 주신 모든 자녀를 대신하여 예수님은 대제사장의 기도를 올려드리셨다(요 17:9-10). 진실로 인간을 대신하여 하나님께 간구할 수 있는 유일한 분은 예수님밖에 없다. 가장 위대한 대제사장으로서, 예수님은 천상의 시은좌 위에 자신의 흠 없는 보혈을 흘리신 것이다.

지성소
The Holy of Holies

예수님께서 십자가에 달리셨을 때, 하나님 아버지께서는 성전의 휘장을 위에서 아래로 찢으셨다. 온전한 제사가 드려졌기 때문에 더 이상 휘장이 필요 없게 되었다. 그 두꺼운 휘장은 대제사장 이외의 다른 사람이 지성소로 들어가는 것을 가로막았던 방어막이었다.

그동안 대제사장은 유대인들을 대신하여 지성소로 들어가 동물의 피를 시은좌에 뿌림으로써 하나님의 거룩한 요구를 이루곤 했다. 비록 동물의 피가 인간의 죄를 덮을 뿐이었지만 하나님께서는 장차 그리스도께서 피 흘림으로 드릴 온전한 제사를 상정하셨기 때문에 동물의 제사를 흠향하셨던 것이다.

예수님의 보혈은 하나님의 임재 속으로 직접 들어가 하나님과 교제할 수 있는 길을 열어주었다. 예수님께서는 장차 언젠가 특정한 성전에 들어가지 않아도 하나님을 예배하는 것이 가능할 것임을 가르치셨다(요 4:19-24 참조). 성령의 도우심 가운데에 사람들은 자신의 마음과 삶을 통해 하나님을 예배할 것이었다. 어디에 있든 상관없이 성령께서는 사람들을 하나님 아버지의 임재 속으로 들이실 것이다. 더 쉬운 말로 표현하자면 교회에서만 하나님의 임재를 경험할 수 있는 것이 아니다. 어디를 가든 사람들은 하나님의 임재를 경험할 수 있다. 즉, 그들 스스로가 교회가 된 것이다.

언약궤
The Ark of the Covenant

십자가형을 당해 죽으신 주님의 몸은 무덤에 안치되었다. 당시 종교 지도자들의 보복이 자신들에게도 미칠까 봐 두려운 마음에 제자들은 숨어있었다. 사흘 뒤 주일 아침, 막달라 마리아(Mary Magdalene)외에 몇몇 여성이 예수님의 사체에 유향(몰약)을 바르기 위해 무덤으로 향했다. 그들이 장지에 도착했을 무렵, 무덤 입구를 막았던 큰 돌이 굴려져 있는 것을 보았다. 누군가 예수님의 시체를 훔쳐갔다는 생각에 마리아는 울기 시작했다. 한참을 울었는데, 순간 놀라운 사건이 눈앞에서 펼쳐졌다.

마리아는 무덤 안을 살피려고 몸을 구부렸다. 그때 그녀의 시야에 두 천사가 앉아있는 모습이 들어왔다. 이상하게도 하나는 시신의 머리가 있었던 곳에, 다른 하나는 발치에 앉은 채 서로 얼굴을 마주하고 있었다(요 20:12 참조). 마리아가 보았던 광경은 언약궤의 덮개 곧 시은좌의 모습을 상기시켜준다. 마치 언약궤의 덮개에 부조된 두 천사의 조각상이 서로의 얼굴을 마주한 채 날개를 활짝 펼친 모습과 같았다. 시은좌를 기억하는가? 그 두 천사 사이의 공간(시은좌)에 하나님 영광의 빛이 있었음을 기억하는가?

그렇다. 예수님은 '하나님 영광의 빛' 이시다. 영광의 예수님께서 그 아침에 부활하시고 승천하시어 천상의 성막, 곧 하나님의 시은좌에 나아가 그 위에 자신의 피를 흩뿌리신 것이다(히 9장 참조). 하나님께 자신의 피를 드리신 후, 예수님은 그의 오른편에 앉으셨다. 피로 뒤덮인 시은좌는 인간의 죄를 향한 하나님의 분노가 누그러진 장소였다. 자신의 피를 '천상의 지성소'로 가져가신 하나님의 어린양은 다름 아닌 인간의 죄에 대한 대속물이셨다(롬 3:20-25, 요일 2:1-2 참조). 다른 말로 설명하자면 예수님은 자신의 희생으로 하나님의 진노, 그의 엄격한 공의를 만족시키셨다. 그리스도의 보혈은 하나님의 보좌로 나아갈 수 있는 길이며 은혜를 받을 수 있는 통로가 되었다(히 4:14-16, 9:6-15 참조).

또한 주님은 언약궤 안에 담긴 내용물들의 완전한 성취이시다. 예수님은 '인간의 마음'이라는 돌 판에 새겨진 '생명의 말씀'이시다(고후 3:3 참조). 자기 민족에게 거절당하신 예수님은 하나님 아버지의 권위를 온전히 체현(representative)하신 '아론의 지팡이'와 같다(마 28:18 참조). 그뿐만 아니라 예수님은 자기 소유된 백성을 먹이시고 살찌우실 '하늘의 만나'이시다(요 6:49-51 참조).

신부의 사랑을 표현한 그림으로서의 성막
The Tabernacle as a Portrait of Bridal Love

성막은 우리 모두가 예수님과 함께 누리는 친밀한 관계 및 신부의 사랑을 아름답게 표현한 그림과 같다. 그리스도와 연합(결혼)하라는 성령의 초대를 받았을 때, 우리는 기쁘면서도 또한 놀란다. 성령님의 초대는 회복된 낙원이자 동산으로의 초대이기 때문이다. 주님은 영원한 복의 근원이시고 하나님께서 우리를 위해 예비해두신 모든 좋은 것들로 안내하는 문이다.

하나님께서 우리에게 결혼(구원) 서약을 제시하셨을 때, 우리 각 사람에게는 그것을 받아들이거나 거절할 기회가 주어진다. 만일 그 조건들을 받아들이고자 한다면 우리를 위해 지불된 '신부의 값'(희생제)도 받아들여야 한다. 예수님은 자발적인 마음으로 자신을 사랑하고 흠모할 신부들을 찾으신다. 전심으로 자신을 따를 신부를 원하신다.

일단 주님의 프러포즈에 "네"(I do) 하고 대답했다면, 이후 물두멍으로 나아가 스스로를 성별해야 한다. 물속에 온몸을 담그는 행위는 신랑을 위해 성별하겠다는 다짐을 표면적으로 나타내는 사인(Sign)이다(막 16:16 참조). 그러므로 세례(침례)는 이전의 삶과 생활 태도에 대하여 '죽는 행위'다. 우리는 예수님의 보혈로 씻김을 받고, 이후 그리스도와 함께 새 생명을 공유하게 된다. 하나님의 말씀은 우리를 계속하여 씻으시고 사랑 어린 순종으로 하나님을 따르도록 권면하신다.

말씀의 빛(금 촛대)을 조명으로 삼아 신랑의 아름다움을 바라보면, 우리의 마음은 우리를 향한 하나님의 깊은 사랑에 점점 더 크게 열릴 것이다. 하나님은 우리를 향한 자신의 사랑을 알리시기 위해, 자신의 길을 깨우치시기 위해, 또 자신의 모든 것을 알려주시기 위해 '말씀'을 보내셨다. 그러므로 '말씀 묵상'은 단순히 우리의 뇌를 성경 지식으로 채우는 작업이 아니다. 이것은 마음과 마음이 연결되는 일이며 주님을 만나는 일이다. 하나님의 말씀으로 우리의 생각과 감정을 씻는다는 말은 그분의 뜨거운 사랑으로 우리의 마음을 덥히고 녹인다는 뜻이다. 성령께서 하나님 말씀의 사랑 어린 확신으로 우리의 생각을 새롭게 하시도록 더 많은 시간을 말씀 앞에 내어드린다면, 우리의 신앙은 신랑의 사랑 안에서 더욱더 성숙해질 것이다.

결혼 생활의 고비마다 수많은 부부가 결혼 서약을 재확인하는 것처럼 우리 역시 계속해서, 주님과의 결혼 서약을 재확인할 필요가 있다. 결혼 서약의 갱신이 가장 잘 이루어지는 곳은 그리스도의 식탁(성찬식)-빵과 포도주를 나누는 곳-이다(고전 11:23-26 참조). 예수님의 찢겨진 살과 흘려진 피를 기념하면 할수록, 우리는 주님과의 결혼 서약을 우리의 마음속에 더욱더 깊이 각인하게 된다. 이것은 하고 싶은 의지만 있다면 언제든지 또 얼마든지 할 수 있는 일이다. 주님과의 서약을 재확인하는 것은 하나님의 마음을 가장 깊이 감동시키는 방법이다.

언약의 두 당사자가 친밀한 시간을 가지려고 노력하지 않는 한, 그 둘 사이의 친밀함은 결코 자라지 못할 것이다. 마찬가지로 신랑 되신 예수님과의 관계도, 그와 함께 보내는 시간이 없다면 진척되지 않을 것이다. 연인들이 데이트 시간을 정하여 함께 시간을 보내는 것처럼 우리도 예수님의 사랑과 애정을 체험하기 위해 따로 시간을 떼어놓아야 한다(아무리 오랜 시간을 만났어도 그분은 결코 우리를 지겨워하거나 우리와의 만남을 싫증내지 않으신다). 향단 앞에 서서 기도로 하나님과 교제하면 할수록, 또 거기서 들려오는 하나님의 말씀을 들으면 들을수록 그분을 향한 우리의 사랑도 더욱더 깊어질 것이다.

그렇다고 해서 기도를 종교적인 의무로 생각해서는 안 된다. 기도는 제자화 훈련을 위한 훈련 도구가 아니다. 하나님이 듣기 원하시는 말씀을 들려드림으로써 그분의 편애를 얻어내는 비법도 아니다. 기도는 연인끼리 마음을 공유하듯, 하나님께 우리의 마음을 솔직히 아뢰고 또 하나님의 심정을 이해하는 행위다. 기도는 고독의 장소로 퇴각하여 하나님과 독대하는 행위다. 그분 앞에 자신의 모든 것, 심지어 자신의 깊은 연약함까지도 아뢰는 행위다. 모든 것을 하나도 남김없이 하나님께 낱낱이 아뢰는 정직함과 열정이 기도의 전제조건이다. 그 결과 우리에게 남는 것이 오직 고통과 환멸뿐일지라도 하나님께 온전한 정직함을 내어드리겠다는 결단이 바로 기도다. 하나님의 사랑이 우리를 덮으심을 깨닫고 정직한 모습으로 하나님께 나아가는 용기가 바로 기도다(시 91:1 참조). 이것이 주님과 '서로 사랑하는 것'의 참된 의미다.

　우리는 하루 중에 특정한 시간을 떼어내어 우리의 마음과 생각을 하나님께로 다시금 집중시킬 필요가 있다. 우리를 향한 그분의 친절한 사랑을 생각할 필요가 있다는 뜻이다. 이렇게 할 때 하나님과의 의사소통 채널을 열어둘 수 있다. 이는 우리가 어디에 있든 상관없이 할 수 있는 일이다. 기도는 주님을 향한 우리 마음속 가장 깊은 감정을 아뢰는 행위다. 고요한 묵상의 시간에 아름다운 언어로 기도할 수 있다. 또 친절한 말씀을 주님께 드릴 수 있다. 때때로 마음 깊은 곳에서 나오는 탄식을 주님께 아뢸 수도 있다. 이것 또한 기도다. 기도에 관한 한 '의무감'이나 '훈련 도구'라는 생각은 떨쳐내야 할 것이다. 왕의 신부이기 때문에 우리는 의무감이 아니라 친밀함으로 기도한다. 훈련의 처소가 아니라 '왕비의 권위'의 처소에서 기도한다-이 사실을 잊지 말아야 한다.

예수님은 자신의 신부를 위해 '영원한 친밀함의 처소'를 떠나 이 땅으로 내려오셨다. 그리고 자신의 삶을 십자가에 내려놓으셨다. 충성스러운 대제사장으로서 예수님은 우리 각 사람의 마음을 자신의 마음에 새기시고 하나님의 현존이 머무는 지성소 안으로 들어가셨다(출 28:15, 17, 29-30, 히 2:17). 우리를 위한 처소를 예비하기 위해 다시금 하늘 아버지께로 올라가신 것이다.

신부의 처소가 준비되었다. 예수님과의 결혼은 그와 얼굴을 맞댈 때에 완성되겠지만 궁극적인 결혼의 날이 이르기까지 우리는 그분과의 친밀함이 더욱더 깊어지는 것을 경험할 것이다. 그날이 이르기까지 날마다 그의 사랑으로 인해 더욱더 큰 힘을 얻게 될 것이다. 우리는 그 사랑의 열정에 즐거움을 누리며 우리 마음에 기쁨이 임하는 것을 체험하게 될 것이다.

마침 기도
Closing Prayer

아버지, 나를 향한 쉼 없는 사랑을 보이시기 위해 당신이 행하셨던 실질적인 일들에 대해 감사드립니다. 나를 사랑하여주셔서 감사합니다. 당신께 사랑받는 일이 정말로 좋습니다. 지금도 당신을 만날 때마다 마음이 설렙니다. 당신의 마음속으로 계속해서 나를 이끌어주옵소서. 당신의 사랑의 비밀스러운 처소에서 살아가기 원합니다. 예수님의 이름으로 기도합니다. 아멘.

제9장

천국에서의 결혼

A Marriage Made in Heaven

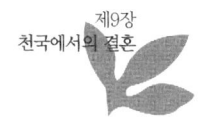

제9장
천국에서의 결혼

　성경은 하나님과 백성 사이의 놀라운 사랑, 숨이 멎도록 멋진 사랑을 기록해놓은 책이다. 이스라엘 민족과 주님의 결혼 생활을 연대적으로 기술해놓았지만, 성경은 하나님과 유대인의 연합뿐만 아니라 하나님과 비(非)유대인과의 새로운 연합에 대해서도 이야기하고 있다. 그러므로 성경 전체는 결혼 서약의 이야기-옛 결혼 서약, 새 결혼 서약-이다. 이러한 관점으로 성경을 보면 고대 유대교의 결혼 풍습이 훨씬 더 중요하게 다가온다.

　사실 고대 유대교의 결혼 전통은 우리에게도 매우 중요하다. 특히 우리가 살고 있는 이 시대의 관점으로 본다면 말이다. 예수님께서 재림하실 때 그는 단지 목수나 랍비로서 이 땅에 내려오시지 않을 것이다. 그는 신랑이요 왕으로서 재림하실 것이다. 오늘도 예수님은 신부들을 자신에게로 이끄실 그날을 갈망하신다. 이 연합은 태초 이전에 이미 계획되었다.

　수 세기 동안 교회는 고대 유대인들의 결혼 풍습을 이해하지 못해서 많은 것을 잃어버렸다. 자기에게로 신부를 인도하는 과정에서 예수님은 유대교의 신랑이 따라야 할 전통대로 행하셨다. 물론 이 책의 이전 장들에서 고대 유대교의 결혼 풍습을 약간 다루기는 했다. 하지만 예수님 시대의 결혼 풍습을 더 많이 연구하면 할수록 하나님과 우리와의 관계가 더욱 풍성해지는 것을 체험하게 될 것이다.

신부 선택
The Selection of the Bride

고대 이스라엘에서는 아버지가 아들을 위해 신부를 선택하곤 했다. 물론 아버지는 아들의 관심 사항을 가장 먼저 고려했다. 아들이 혼기가 충분히 찰 만큼 나이가 들었다면 아들과 상의하여 신부를 골랐다.

우리 역시 그리스도의 신부로서 선택받았다. 이것이 예수님께서 말씀하신 내용이다. "너희가 나를 택한 것이 아니요 내가 너희를 택하여 세웠나니 이는 너희로 가서 과실을 맺게 하고 또 너희 과실이 항상 있게 하여"(요 15:16). 언제나 먼저 사랑을 시작하신 분은 신랑이신 예수님이다. 그가 우리를 선택하셨지 우리가 그를 선택한 것이 아니다. 성경은 "우리가 사랑함은 그가 먼저 우리를 사랑하셨음이라"(요일 4:19)라고 말한다. 우리가 먼저 주님을 사랑하기 전, 주님께서 우리를 찾으셨다.

그러나 온 우주의 하나님께서 왜 우리를 선택하셨는가? 이유는 간단하다. 우리를 사랑하시기에 우리를 선택하셨다. 그렇다면 왜 우리를 사랑하시는가? 그 이유도 간단하다. 사랑하기로 결심하셨기에 사랑하시는 것이다. 그가 우리를 선택하신 일은 미스터리다. 그러나 매우 열정적인 일이다! 매우 귀한 일이다!

신부의 몸값
The Bride Price

성경이 기록된 시대에는 전통에 따라 신랑은 신부의 집에 값을 지불해야 했다. '모하르'(mohar)라고 불리던 이 지불금은 신부의 아버지에게 전달된다. 딸을 상실한 아버지에게는 위로금이었고 동시에 신랑이 신부를 얼마나 소중하게 여기는지를 보여주는 상징이기도 했다. 때때로 신부의 몸값을 돈이나 물건으로 지불하지 않기도 했다. 야곱(Jacob)과 라헬(Rachel)의 경우를 보라. 신부의 몸값은 라헬의 아비 라반(Laban)의 가계를 위한 노동으로 지불되었다. "야곱이 라헬을 위하여 칠 년 동안 라반을 봉사하였으나 그를 연애하는 까닭에 칠 년을 수일같이 여겼더라"(창 29:20).

야곱과 라헬의 애정은 확실했다. 그러나 고대 이스라엘에서 신부를 '소유물'로 여겼다. 아내에 해당하는 단어 '뿔라'(beulah)는 '소유된 사람'의 뜻을 지니고 있다. 전 장에서 살펴보았던 남편에 해당하는 단어 '바알'(baal)은 '소유주', '주인'이라는 뜻이다. 신부의 값이 지불되었기에 그녀는 남편의 소유가 된다.

오늘날의 문화에서는 이러한 사실이 적잖게 잔인한 것처럼 보이기도 하고 또 여성을 비하하는 것처럼 들릴 수도 있을 것이다. 하지만 이스라엘의 혼례 문화는 그 당시 이방 국가에서 흔히 볼 수 있었던 행태보다 훨씬 나은 것이었다. 이방인들은 여성을 조금도 존중하지 않았다. 남성들은 여성에게 아무런 가치도 두지 않았다. 그러한 문화권에서 만일 어떤 남자가 아내를 갖기 원하면, 그저 아무 여자나 자기 집으로 들여 강간하면 되었다. 그러면 그녀는 그 남자의 아내가 되었다. 하나님께서는 결혼 제도 안에 거룩함의 요소를 들여놓기를 원하셨다. 이에 신부의 몸값은 공의의 기준을 높이는 과정에서 도입되었다. 그 결과 유대 문화권은 여성의 가치를 인정하게 되고 여성을 소중히 다루게 되었다.

값의 지불을 통해 누군가의 소유가 되는 과정은 아주 강력한 영적 의미를 갖는다. 그리스도의 신부인 우리는 값의 지불을 통해 구매된 존재다. 우리를 위해 예수님께서는 아주 비싼 값을 지불하셨다-자신의 피를 흘려 우리를 사신 것이다. 우리의 신랑은 "그 앞에 있는 즐거움을 위하여"(히 12:2) 친히 궁극적인 값을 지불하기로 선택하셨다. 우리 각 사람을 구원하여 흠 없는 신부로 삼을 때 얻게 될 그 즐거움을 위하여 예수님은 피를 흘리셨다. 겟세마네 동산에서, 그리고 십자가에서 그 큰 고통을 감내할 수 있도록 예수님의 마음을 흥분시켰던 즐거움이 바로 '우리' 였던 것이다.

'새로운 언약'의 뜻을 지닌 신약성경은 신부의 값에 대해 자주 언급하고 있다. 예를 들어, 베드로전서 1장 18-19절은 "너희가 알거니와 너희 조상의 유전한 망령된 행실에서 구속된 것은 은이나 금같이 없어질 것으로 한 것이 아니요 오직 흠 없고 점 없는 어린양 같은 그리스도의 보배로운 피로 한 것이니라"라고 이야기한다. 고린도전서 6장 19-20절에도 신부의 값에 대한 언급이 기록되어있다. "너희 몸은 너희가 하나님께로부터 받은 바 너희 가운데 계신 성령의 전인 줄을 알지 못하느냐 너희는 너희의 것이 아니라 값으로 산 것이 되었으니 그런즉 너희 몸으로 하나님께 영광을 돌리라"(고전 6:19-20).

예수님 자신도 '신부의 값'에 대해 말씀하셨다. 그것도 이 땅에서 보내는 마지막 유월절 식사 중에 말이다. "또 떡을 가져 사례하시고 떼어 저희에게 주시며 가라사대 이것은 너희를 위하여 주는 내 몸이라 너희가 이를 행하여 나를 기념하라 하시고 저녁 먹은 후에 잔도 이와 같이 하여 가라사대 이 잔은 내 피로 세우는 새 언약이니 곧 너희를 위하여 붓는 것이라"(눅 22:19-20).

십자가에서의 죽음으로 신부의 값을 치르시며 예수님은 말씀하셨다. "다 이루었다"(요 19:30). 그가 남기신 이 마지막 말씀은 '칼랄'(ka'lal)이었는데 이는 히브리어에 근간한 말로 '완성하다', '끝마치다' 라는 뜻이다―그런데 신기하게도 '신부'에 해당하는 단어 '칼라'(kallah)와 동일한 어근을 가지고 있다. 예수님의 마지막 말씀에 결혼의 주제가 담겨있다. 예수님께서 궁극적인 신부의 값을 지불하실 때 그의 머릿속에 자리했던 마지막 생각이 '신부'가 아니었겠는가? 만일 우리가 그의 마음을 차지했다면, 우리가 그의 생각과 그의 입술에도 담길 수 있다는 사실을 믿는 것이 왜 그리 어렵단 말인가?

약혼
The Betrothal

앞 장에서 이미 살펴보았듯이 고대 유대교의 전통 혼례식은 크게 두 부분으로 나뉜다. 첫 번째 부분이 바로 약혼식이다. 약혼식은 결혼식보다 열두 달 앞서 치러진다. 약혼식 때 예비 신랑과 신부는 서로에게 헌신할 것을 서약한다. 일단 서약을 하게 되면 이들은 법적으로 부부 관계가 된다. 물론 육체적인 연합은 결혼식 때까지 이룰 수 없다.

약혼식에서 결혼 서약서(케투바, ketubah)는 신부의 아버지에게 전달된다. 이 서약서에는 신랑이 신부를 위해 지불할 값과 신부에게 제공할 물품들이 명시되어있다. 결혼 서약 제도가 하나의 문화로 자리 잡기 이전, 여성들은 어떠한 권리도 또 어떠한 보호책도 누릴 수 없었다. 이러한 상황에서 언약을 확증하는 문서로서의 케투바는 여성의 사회 지위를 한층 올려놓았다. 서약에 의해 신랑은 신부를 존중하고 돌보고 신부의 필요를 채워주어야 했다.

유대인의 결혼 서약서에 신부를 위한 특정 약속이 제시되었듯이 우리의 케투바 곧 새로운 언약(New Testament, 신약성경)에도 우리를 위한 놀라운 약속들이 제시되어있다. 새 언약 곧 신약성경은 그리스도의 신부로서 우리가 얻게 될 모든 '좋은 것'에 대해 명시하고 있다. 하나님의 모든 약속은 우리에게 '예'(Yes)가 된다. 그뿐만 아니라 하나님의 '아멘'(Amen)에 이 모든 약속이 보장된다. "하나님의 약속은 얼마든지 그리스도 안에서 예(Yes)가 되니 그런즉 그로 말미암아 우리가 아멘(Amen) 하여 하나님께 영광을 돌리게 되느니라"(고후 1:20). 이러한 이유로 예수님은 말씀하셨다. "또 너희가 어찌 의복을 위하여 염려하느냐 들의 백합화가 어떻게 자라는가 생각하여보라 수고도 아니하고 길쌈도 아니하느니라 그러나 내가 너희에게 말하노니 솔로몬의 모든 영광으로도 입은 것이 이 꽃 하나만 같지 못하였느니라 오늘 있다가 내일 아궁이에 던지우는 들풀도 하나님이 이렇게 입히시거든 하물며 너희일까보냐 믿음이 적은 자들아"(마 6:28-30). 우리의 신랑께서 우리를 존중해주시고, 우리를 지지해주시고, 우리에게 좋은 것을 주시고, 우리와 영원토록 함께 사실 것을 약속하신다.

하나님의 맨 처음 결혼 서약은 이스라엘에게 주어졌다. 이후 이 서약은 '누구든지 원하는 자들'에게 주어진다. 이 말은 한때 하나님과의 언약에 있어서 외인(外人)이었던 비유대인(이방인)들도 새 언약의 규정에 의해 하나님의 사랑과 축복(새로운 언약의 모든 축복을 포함하여)에 온전히 참예할 수 있게 되었다는 뜻이다. 이 언약에 따라 우리의 신랑이신 예수님께서는 하나님의 토라(Torah)를 돌 판이 아닌 사람의 마음 판에 새겨 넣으실 것이다. 마음에 새겨진 말씀을 통해 우리는 하나님을 친밀히 알게 된다. 예수 그리스도께서 제시하신 케투바를 받아들여 그와의 언약 관계에 들어가는 모든 사람에게 이러한 친밀함이 주어진다.

신부의 동의
The Bride's Consent

신랑이 미래의 신부를 선택한다. 하지만 강압적인 선택은 아니다. 미래의 신부로 선택된 여인이 신랑의 프러포즈에 대답해야만 혼인이 성사된다. 이는 제2장에서 살펴본 리브가의 모습에 잘 나타난다. 아브라함의 종은 우물가에서 리브가를 만났다. 리브가는 그를 자기 아비의 집으로 초청하여 하룻밤 묵을 것을 권했다. 종은 아브라함의 아들인 이삭과 리브가의 결혼에 대해 그녀의 아버지와 논의하기 시작했다. 이튿날 아침, 종은 리브가를 데리고 아브라함의 집으로 가고자 했다. 그러나 그녀의 오라비와 어머니는 며칠 더 머물 것을 권했다. 결국 리브가의 가족이 그녀의 의사를 물었다. "네가 이 사람과 가겠느냐?" 그녀는 "네, 가겠어요"라고 대답했다(창 24:58 참조). 리브가는 "네"(I do)라는 말로 신랑 측의 프러포즈에 동의를 표한 것이다. 오늘날에도 유대교는 상호 간의 동의가 있을 때에만 결혼이 성사된다고 가르친다.

예수님과의 영적 약혼식에도 이러한 사실이 적용된다. 주님은 그 어떤 누구에게도 "네"라고 대답할 것을 강요하지 않으신다. 예수님은 우리가 오랜 시간 진지하게 고민한 후, 자신의 프러포즈에 응답하기를 기대하신다.

주님은 우리에게 값없이 사랑을 주셨다. 또한 우리가 주님께 사랑을 드릴 것을 기대하신다. 그분이 듣기 원하시는 대답은 로마서 10장 9-10절에 언급되었다. "네가 만일 네 입으로 예수님을 주로 시인하며 또 하나님께서 그를 죽은 자 가운데서 살리신 것을 네 마음에 믿으면 구원을 얻으리니 사람이 마음으로 믿어 의에 이르고 입으로 시인하여 구원에 이르느니라"(롬 10:9-10). 주님이 우리 각 사람에게서 듣기 원하시는 대답은 바로 "네"(I do)라는 말이다.

언약의 잔
The Cup of the Covenant

일단 예비 신랑과 신부가 결혼 서약의 조항에 긍정적인 응답을 했다면, 이후 이 둘은 결혼 서약을 확증(인 찍기 위해)하기 위해 한 컵으로 포도주를 나눠 마신다. "신랑과 신부가 한 컵으로 마신다"-이는 그들이 공유하게 될 삶을 상징해준다. 몇 달 후 이들은 두 번째 컵으로 포도주를 나눠 마시게 된다.

유대교의 전승에 의하면 포도주는 언제나 '기쁨'(joy)을 상징한다. 그리고 유대교 사상에서는 결혼을 이 땅에서 누릴 수 있는 최상의 기쁨으로 여긴다. 그러므로 포도주가 결혼식에 사용되는 것은 당연하다.

포도주는 또한 피를 상징한다. 하나님의 관점에서 볼 때 결혼의 서약은 피로 맺은 언약이다. 만일 신부가 숫처녀라면, 결혼 첫날밤 그녀의 처녀막이 터질 때 피가 흐를 것이다. 이로써 피의 언약 가운데 신랑과 신부는 평생을 함께할 '한 몸'이 된다.

이 땅에서 마지막 유월절 식사를 드시는 동안 예수님께서 맛보신 포도주는 새 언약(결혼)의 잔이었다. 물론 예수님과 제자들은 옛 언약 즉 '하나님과 이스라엘의 결혼기념일'(유월절)을 지키신 것이었다. 하지만 그날 식사 자리에서 예수님은 장차 이 땅의 백성과 새 언약(새로운 결혼)을 맺으실 것이고 그 언약이 자신의 보혈 가운데 확증될 것임을 말씀하셨다. 예루살렘의 한 다락방에서 예수님과 제자들은 한 컵에다 포도주를 마셨다. 이로써 그들은 예수님과 한 몸이 되었다.

성찬식 중 포도주잔을 나눌 때 우리는 우리의 신랑을 기억하게 된다. 우리를 위해 그분이 지불하신 대가를, 또 그분과 맺은 언약 관계를 기념하게 된다. 한 컵에 두 차례 포도주를 음용하는 것이 고대 유대교 혼례식의 일부였던 것처럼, 그리스도의 신부인 우리도 결혼식의 마지막을 장식하기 위해 재림하실 주님과 함께, 한 컵으로 두 번째 포도주를 마시게 될 것이다. 이 사건에 대한 예수님의 말씀을 마태복음 26장 29절에서 볼 수 있다. "그러나 너희에게 이르노니 내가 포도나무에서 난 것을 이제부터 내 아버지의 나라에서 새것으로 너희와 함께 마시는 날까지 마시지 아니하리라"(마 26:29).

온전한 결혼의 날이 이를 때까지 우리는 신랑과 맺은 결혼 서약을 기념하기 위해 계속해서 성찬의 포도주를 마실 것이다. 하지만 기억해야 할 것은 주님의 사랑이 포도주의 달콤함보다 더 낫다는 사실이다(아 1:4 참조). 이 세상이 줄 수 있는 그 어떤 것보다 그리스도의 사랑이 훨씬 더 소중함을 기억하라!

신부를 위한 선물
Gifts for the Bride

약혼식에는 신랑(약혼남)이 신부(약혼녀)에게 선물을 주는 순서도 포함된다. 아브라함의 종은 선물을 한가득 실은 낙타 열 마리를 대동하여 이삭의 배우자를 찾는 여행길에 나섰다(창 24:53 참조). 종을 만난 리브가는 그에게는 물론 그의 낙타에게도 물을 마시우고자 했다. 당시 그녀는 낙타의 등에 실린 값비싼 선물이 자신의 소유가 되리라고는 상상하지도 못했다. 게다가 그 낙타 중 한 마리가 자신을 미래의 신랑에게로 데려갈 것이라는 사실은 꿈에도 몰랐다.

많은 경우 남자는 자신의 약혼녀에게 값비싼 선물을 준다. 멀리 떨어져 있어도 약혼녀가 그 선물을 보며 남자를 기억할 수 있게 하기 위해서다. 수 세기에 걸쳐 관례처럼 굳어진 선물 품목은 '반지'였다. 결국

'반지 교환'은 약혼식의 메인이벤트가 되어버렸다.

오늘날, 남자는 종종 자신의 약혼녀에게 다이아몬드 반지를 준다. 약혼녀는 반지 낀 손가락을 볼 때마다 자신에게 반지를 선사한 사람을 기억하게 된다. 이와 마찬가지로, 성령님은 우리가 계속하여 신랑을 기억할 수 있도록 도와주시는 영적 약혼반지 역할을 하신다. 성령님은 자신이 주목받는 대신, 큰 값을 지불하여 우리를 사신 그분에게 집중하도록 우리의 생각을 도와주신다. '완전한 약혼 선물'이신 성령님은 우리의 머릿속에 이제 곧 재림하실 '왕자님'을 생각나게 하신다.

예수님이 자신의 신부에게 주신 최고의 선물은 성령이다. 고린도후서 1장 21-22절에 의하면 예수님은 장차 우리가 받게 될 유업에 대한 '보증'(혹은 보증금)으로서 우리의 마음속에 성령을 주셨다. 성령을 통해 우리는 여러 다른, 많은 선물(은사)을 받게 된다(고전 12장, 롬 12장 참조). 성령의 은사는 그리스도의 신부를 꾸며주는 값비싼 보석들이다.

떠나는 신랑
The Departure of the Bridegroom

결혼 서약이 체결되면 신랑(약혼남)은 신부(약혼녀)를 떠나 자기 아버지 집으로 향한다. 신부를 위한 처소를 마련하기 위해서다. 그는 대략 열두 달 정도 약혼녀의 곁을 떠나는데 그동안 약혼녀는 장차 부모를 떠나 시댁 식구들과 함께 살아갈 준비를 한다. 시댁의 일원이 되는 준비 과정이다.

하늘 아버지의 집으로 돌아가시기 몇 주 전, 예수님께서는 제자들이 알아들을 만한 비유로 말씀하셨다. 그 내용은 요한복음 14장 2-3절에 잘 나와있다. "내 아버지 집에 거할 곳이 많도다 그렇지 않으면 너희에게 일렀으리라 내가 너희를 위하여 처소를 예비하러 가노니 가서 너희를 위하여 처소를 예비하면 내가 다시 와서 너희를 내게로 영접하여 나 있는 곳에 너희도 있게 하리라"(요 14:2-3).

신랑이신 예수님은 신부를 위한 처소를 예비하기 위해 그녀의 곁을 떠나셨다. 그리고 다시 돌아올 것을 약속하셨다. 예수님께서 이 약속을 주신 지 거의 이천 년이 다 되어가지만 그의 약속은 아직도 유효하다. 다시 말해 주님은 아직 오시지 않았다. 하지만 우리는 그의 재림이 임박했음을 알 수 있다. '그리스도의 신부' 곧 교회의 일원으로서 우리 모두는 스스로를 겸비하고, 충성된 아내가 되어 신랑의 재림을 기다려야 한다.

우리의 신랑 되신 예수님께서는 먼 곳에서 우리의 처소를 준비하고 계신다. 하지만 우리는 결코 혼자가 아니다. 그의 성령께서 우리와 함께 하시기 때문이다. 성령님이 우리를 위로하시고 격려하신다. 예수님께서 승천하시기 직전에 하신 다음의 말씀은 우리의 마음에 용기를 안겨줄 것이다.

그러하나 내가 너희에게 실상을 말하노니 내가 떠나가는 것이 너희에게 유익이라 내가 떠나가지 아니하면 보혜사가 너희에게로 오시지 아니할 것이요 가면 내가 그를 너희에게로 보내리니…진리의 성령이 오시면 그가 너희를 모든 진리 가운데로 인도하시리니 그가 자의로 말하지 않고 오직 듣는 것을 말하시며 장래 일을 너희에게 알리시리라 그가 내 영광을 나타내리니 내 것을 가지고 너희에게 알리겠음이니라(요 16:7, 13-14)

신부의 성별(聖別)
The Bride's Consecration

신랑이 신부의 처소를 준비하기 위해 떠나있는 동안 신부(칼라, kallah)는 신랑을 위해 스스로를 성별하고 구별한다. 칼라(kallah)라는 단어는 '격리된 사람', '무리로부터 따로 떨어진 사람'의 뜻을 지닌다. 아가서 4장 12절에는 이러한 신부의 모습이 아름답게 묘사되어있다. "나의 누이 나의 신부는 잠근(locked-up) 동산이요 덮은 우물이요 봉한 샘이로구나"(아 4:12).

신부는 남편에게 속한다. 그녀는 오직 남편만을 바라본다. 그녀의 눈은 비둘기의 눈과 같다(아 1:15 참조). 비둘기의 눈은 충성을 상징한다-한곳만 바라보는 시선(비둘기는 주변을 보지 못한다), 사랑의 헌신(비둘기는 평생 한 상대와만 짝짓기를 한다). 게다가 비둘기는 성령을 상징하기도 한다. 신랑은 신부의 눈빛에 성령의 모습이 담기기를 기대하신다.

신랑이 떠난 후 몇 개월간은 신부가 마음속으로 자신의 신랑을, 그 무엇보다 더 사랑하고 기억하는 것이 그다지 어렵지 않을 수도 있다. 매일매일 쳐다보며 신랑을 생각할 수 있도록 반지도 선물받지 않았는가? 그러나 어느 정도 시간이 흐르고, 또 신랑의 귀환이 늦어지기라도 할라치면, 신부는 저잣거리에 나갈 때마다 다른 남자에게 눈길을 주고 싶은 유혹을 받게 될 것이다. '과연 나의 신랑 될 그 사람은 나와의 약속을 지키고 있을까?', '내게로 돌아오기나 할까?', '왜 아직 돌아오지 않는가?', '그를 믿어도 되는가?'

우리는 그리스도를 위해 성별된 신부들이다. '성별되었다'는 말의 뜻은 '거룩하다'이다. 우리는 성령의 역사에 삶을 내어드릴 때에만 거룩해질 수 있다. 성령께서는 어떻게 해야 자신을 위해서가 아닌, 신랑을 위해서 살 수 있는지를 우리에게 알려주신다. 신랑을 맞이하기 위해 자신을 거룩하게 예비하려고 할 때 성령께서 우리의 삶에 깊이 관여하실 것이다.

또한 우리는 주님께서 귀히 여기시는 소유물이다. 주님을 위해 스스로를 성별할 때 주님은 우리를 기뻐하신다. 우리는 이 세상을 살아가지만, 이 세상에 속하지 않았다. 오직 우리의 눈이 주님을 향하기를—주님께서는 그렇게 소망하신다. 주님께서는 아직 재림하지 않으셨지만 우리 모두는 언젠가 신랑께서 재림하시리라 확신해야 한다.

미크바
The Mikvah

고대 이스라엘에서 신부는 결혼식 이전에 '미크바'(Mikvah)를 경험하게 된다. '미크바'라는 말은 정결 의식을 위해 준비된 생수의 강(pool of living water)을 의미한다. 오늘날까지 유대의 예비 신부들은 결혼 예식을 위한 영적·육체적 준비 과정의 일환으로 물속에 몸을 담그는 예식을 치른다.

이 옛 유대교의 관습은 처녀로서의 삶을 청산하고 한 남자의 아내로서 새 삶을 시작한다는 것을 상징한다. 게다가 신분의 변화, 권위의 변화를 상징하는 관습이기도 하다(아버지의 권위 아래 있다가 결혼 후 남편의 권위 안으로 재편됨).

미크바에 몸을 담그는 행위는 심오한 영적 중요성을 띠는 예식이다. 신약의 물세례(침례)가 미크바 예식과 대동하다. 마가복음 16장 16절은 "믿고 세례를 받는(물에 잠기는 혹은 미크바를 체험하는) 사람은 구원을 얻을 것이요 믿지 않는 사람은 정죄를 받으리라"라고 설명한다. '믿는 사람'인 우리가 물속에 잠길 때 그것은 과거의 생활 방식에 대한 죽음을 뜻한다. 더 이상 사탄의 권위 아래 있지 않음을 의미한다.

세례(침례)의 물 밖으로 나올 때 우리는 새로운 삶을 시작하게 되며 남편 되신 예수님께 헌신하는 스스로의 모습을 그릴 수 있다(롬 6:3-11 참조).

신랑의 귀환
The Return of the Bridegroom

고대 이스라엘의 신부들은 신랑이 언제 돌아와 자신을 신방(新房)으로 들일지 도무지 알지 못했다. 아니 감조차 잡지 못했다. 신랑도 사정은 다르지 않았다. 언제 자신의 신부를 데리러 가게 될지 신랑조차 그때를 알지 못했다. 오직 신랑의 아버지만 '그때'를 알았다. 왜냐하면 결혼식이 언제 준비되고 또 모든 준비 과정이 언제 완수될지를 결정하는 사람이 바로 신랑의 아버지이기 때문이다. 마가복음 13장 32절에서 이 관습을 볼 수 있다. "그러나 그날과 그때는 아무도 모르나니 하늘에 있는 천사들도 아들도 모르고 아버지만 아시느니라"(막 13:32).

신랑은 종종 늦은 밤에 신부를 찾으러 온다. 거의 자정이 다 될 무렵이다. 밤의 고요를 찢을 듯, 양각나팔(양 뿔로 만든 나팔, shophar) 소리가 요란하다. 거리는 사람들의 외치는 소리로 가득하고 횃불이 타들어가며 내는 '획획' 소리가 바람에 실려 신부의 귀에 닿는다. 이에 신부는 자신의 얼굴이며 옷매무새를 만질 몇 분의 시간을 더 얻게 된다. 결혼식 당일에 펼쳐지는 풍경의 세부 내용이 '열 처녀의 비유'를 통해 잘 설명되었다. "밤중에 소리가 나되 보라 신랑이로다 맞으러 나오라 하매…"(마 25:6) 신부와 들러리들은 저마다 등을 예비하여 신랑 맞을 준비를 한다.

신랑이 온다는 소식을 들은 즉시 신부는 경호를 받으며 '신부의 의자'(우리나라의 풍습에 비한다면 꽃가마에 해당할 것이다-역자 주)에 앉아 시아버지의 집으로 이동할 채비를 갖춘다. 신부의 의자에 대해서는 아가서 3장 9-10절에 언급되었다. "솔로몬 왕이 레바논나무로 자기의 연(이동식 의자, 탈 것)을 만들었는데 그 기둥은 은이요 바닥은 금이요 자리는 자색 담이라 그 안에는 예루살렘 여자들의 사랑이 입혔구나"(아 3:9-10).

시댁으로 가는 과정은 신부가 '신부의 의자'에 앉는 것으로 시작된다. 악사, 가수, 무희, 가족, 친구들, 그리고 횃불을 든 들러리들이 신부의 의자를 호위한다. 신부는 가장 아름다운 옷, 가장 귀한 보석으로 치장한 상태다.

하늘 아버지의 허락이 떨어지면, 우리의 신랑이 우리에게로 돌아올 것이다. 그날 우리 모두는 양각나팔 소리와 같은 큰 음성의 외침을 듣게 될 것이다. 이 일은 역사의 자정에 신속히 이루어질 것이다. 우리의 신랑, 우리 영혼의 연인이신 예수님께서는 구름을 타고 나타나실 것이다. "주께서 호령과 천사장의 소리와 하나님의 나팔로 친히 하늘로 좇아 강림하시리니 그리스도 안에서 죽은 자들이 먼저 일어나고 그 후에 우리 살아남은 자도 저희와 함께 구름 속으로 끌어 올려 공중에서 주를 영접하게 하시리니 그리하여 우리가 항상 주와 함께 있으리라"(살전 4:16-17).

후파
The Huppah

유대교 전통 혼례식의 두 번째 파트인 '후파'(Huppah)는 '입실'(hometaking, 방 안으로 들어감)이라고도 불린다. '후파'라는 말은 결혼 예식의 두 번째 부분을 지칭하기도 하고 신혼부부가 들어가 첫날밤을 보냄으로써 결혼식을 완성시키는 장소, 곧 '신방'을 가리키기도 한다. 이 단어의 원의(原意)는 '방' 혹은 '덮개'다. 본래 후파는 시댁에 마련되던 특별한 방을 지칭했다. 이에 대해서는 시편 19편 5절과 요엘 2장 16절에 설명되어있다. "…해는 그 방에서 나오는 신랑과 같고…", "…신랑을 그 방에서 나오게 하며 신부도 그 골방에서 나오게 하고…"

앞에서 설명했듯이 신부는 '신부의 의자'에 앉은 채 신랑에게로 인도된다. 신랑은 신부보다 먼저 후파에 도착하여 신부를 위해 준비한 그 방에서 그녀를 맞이한다. 결혼 예식 과정을 설명하자면, 먼저 신랑과 신부는 시대에 모여있던 하객들을 맞이한다. 이어서 그들은 신방(후파)으로 인도되어 이레 동안 머문다. 외부의 방해 없이 신랑과 신부 단 둘이 후파에서 일주일을 보내는 것이다. 이제 결혼은 절정에 이른다. 혼례식의 두 번째 부분도 마무리된다.

신랑과 가장 친한 친구는, 신랑이 "결혼식이 완성되었다!"라고 말할 때까지 신방 밖에서 대기해야 했다. 이것이 바로 세례 요한이 말했던 내용이다. "신부를 취하는 자는 신랑이나 서서 신랑의 음성을 듣는 친구가 크게 기뻐하나니 나는 이러한 기쁨이 충만하였노라"(요 3:29).

결혼식이 완성된 후, 모든 하객은 일주일간 지속되는 잔치를 즐기게 된다. 이 칠 일은 '신부의 주'(週)라고 불렸다. 창세기 29장 26-27절의 야곱, 레아, 라헬의 이야기에 '신부의 주'가 등장한다. "…이를 위하여 칠 일을 채우라…"

수 세기를 거쳐 후파는 결국 '신부를 위한 닫집'(Bridal Canopy, 신부가 대기할 수 있는 망사 천막)으로 대체되었다. 이 천막은 보통 실크나 벨벳 종류의 사각 천을 네 명의 남자가 지지하는 네 개의 기둥으로 받쳐 제작한다. 이 닫집은 신랑과 신부가 함께 살게 될 새 집을 상징한다. 후파는 사면이 모두 트여있다. 이는 외부인에게도 친절을 베푸는 유대인 가정의 특성, 곧 유대인의 가정은 사랑으로 가득하다는 점을 부각해준다.

오늘날 유대인들의 혼례식에서는 신랑과 신부가 후파 아래에 있을 때 하객들이 신혼부부를 향해 '일곱 가지 복'의 노래를 읊조리는 것을 볼 수 있다. 전통적으로 칠복 중 마지막 복은 '결혼생활의 시작'이라는 복이었다.

칠복 중 첫 번째 복은 결혼 서약을 확증하는 '두 번째 포도주의 음용'이다. 사실 후파 아래에서 울려 퍼지는 첫 번째 복의 노래가 '포도주의 음용'에 대한 축복의 내용을 담고 있긴 하지만 일곱 가지 복의 노래가 다 끝날 때까지 이 부부는 포도주를 마실 수 없다. 일곱 가지 복의 노래가 다 끝나야 비로소 신랑과 신부가 함께 포도주를 한 모금 마실 수 있다. 두 번째 포도주의 음용으로 결혼 서약은 영원히 봉해진다(sealed).

언젠가 우리 모두는 신부의 처소로 들림 받게 될 것이다. 신랑과 얼굴을 마주한 채 그의 사랑에 흠뻑 젖는 순전한 기쁨을 맛보게 될 것이다.

혼인 잔치
The Marriage Supper

후파에서 일주일을 보낸 이후 신랑과 신부는 하객과 어울려 잔칫상을 맛보게 된다. 신랑과 신부가 하객들과 나누는 첫 번째 음식은 매우 중요하다. 잔치 음식을 배연하는 이유는 신랑과 신부의 마음에 기쁨을 각인시키기 위해서다. 혼인 잔치 음식을 나누는 전통은 그 뿌리를 야곱의 장인인 라반의 행위에 두고 있다. 야곱과 레아의 혼인 이후 라반은 큰 잔치를 베풀고 동네 사람들을 초청하였다(창 29:22 참조).

결혼 잔치에서 풍악을 울리는 것은 당연한 일로 여겨졌다. 전통적으로 피리는 부부 앞에서 연주되었다. 그리고 춤사위는 신부 앞에서 펼쳐졌다. 이것이 축제의 일부분이다.

장차 그리스도의 신부를 위한 혼인 잔치가 열릴 것이다. 요한계시록 19장 6-9절에 묘사된 그대로다.

> 또 내가 들으니 허다한 무리의 음성도 같고 많은 물소리도 같고 큰 뇌성도 같아서 가로되 할렐루야 주 우리 하나님 곧 전능하신 이가 통치하시도다 우리가 즐거워하고 크게 기뻐하여 그에게 영광을 돌리세 어린양의 혼인 기약이 이르렀고 그 아내가 예비하였으니 그에게 허락하사 빛나고 깨끗한 세마포를 입게 하셨은즉 이 세마포는 성도들의 옳은 행실이로다 하더라 천사가 내게 말하기를 기록하라 어린양의 혼인 잔치에 청함을 입은 자들이 복이 있도다 하고 또 내게 말하되 이것은 하나님의 참되신 말씀이라(계 19:6-9)

우리는 모든 세대의 모든 성도들과 하나가 되어 그리스도와의 연합을 기뻐하고 즐거워할 것이다. 그때의 기쁨과 열정은 우리의 이해를 넘어선다. 그러나 언젠가 그 기쁨은 우리의 소유가 되리라. 기쁨의 잔치는 영원토록 계속될 것이다!

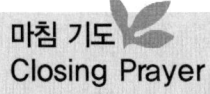
마침 기도
Closing Prayer

아버지, 내 눈을 열어 새 언약의 아름다움을 바라보게 하시니 감사합니다. 예수님, 당신의 신부인 나에게 언약을 주셔서 감사드립니다. 나로 하여금 풍성한 삶-오직 당신의 죽음과 부활로만 가능케 된-을 살 수 있도록 도와주세요. 당신의 사랑 가운데 위로와 평안을 체험하기 원합니다. 성령님, 내 안에서 역사하사 신랑의 귀환을 예비하게 하옵소서. 나를 위해 할 수 없는 일들을 내 대신 행하여주옵소서. 예수님의 이름으로 기도합니다. 아멘.

제10장

용감한 신랑

The Bravehearted Bridegroom

제10장
용감한 신랑

내가 가장 좋아하는 영화는 '브레이브 하트'(Brave Heart)이다. 그 영화를 얼마나 많이 보았는지 이루 다 말할 수 없을 정도다. 이 책의 여성 독자 대부분에게는 그 영화가 그리 큰 감동으로 다가오지 않았을지도 모른다. 그러나 내 삶은 그 영화에 큰 영향을 받았다. 물론 영화의 몇몇 장면은 언급하기에 무리가 있고 또 추천하기에도 어려운 점이 없지 않지만, 이 영화는 마음속에 크게 각인되어 쉽게 지울 수 없는 명장면들로 가득하다.

만일 이 영화를 봤다면 기억을 되짚어보기 바란다. 주인공은 윌리엄 월리스(William Wallace)이다. 그는 1300년대 스코틀랜드를 해방시킨 영웅이었다. 그가 등장할 때의 역사적 배경은 무자비한 롱생크의 에드워드(Edward the Longshanks)가 영국 국왕으로 있었던 때다. 수 세기 동안 스코틀랜드는 영국 군주제의 폭정 아래에서 신음하였다. 롱생크 가문은 그중에서도 최악이었다.

에드워드 국왕은 다음과 같은 헌장을 선포했다. "스코틀랜드인이 결혼하면 영국의 귀족은 신랑 대신 신부와 첫날밤(프리마녹테)을 보낼 수 있다." 영국 귀족의 행패는 스코틀랜드의 여성들을 겁탈하기 위한 목적 외에는 아무 이유가 없었다. 물론 에드워드 롱생크의 마음에는 무력으로 스코틀랜드인을 무찌르지 못할 경우, 그들의 땅에 영국인의 씨(이종)를 퍼뜨려 그 땅을 점령하려는 계획이 있었다. 무력으로든 겁탈이라는 방법으로든 스코틀랜드의 존재를 '무효화'하려 했던 것이다.

윌리엄 월리스는 젊은 스코틀랜드 여성과 사랑에 빠졌다. 그러나 자신의 아내 될 여인과의 첫날밤을 다른 남자의 손에 빼앗기기 싫어서 월리스는 야밤에 그녀와 도주한 뒤 사제의 집례 아래 몰래 결혼식을 올린다. 이 장면을 수차례 볼 때마다 나는 자신의 사랑을 다른 사람과 나누지 않으시려는 '또 다른 신랑'의 모습을 떠올리게 된다. 이것은 하나님의 영원한 로맨스, 그 배후에 자리한 참된 열정과 같다.

예수님께서는 '아기'의 모습으로 인간 역사의 한 장면에 등장하신다. 그러나 예수님께서는 궁극적인 용사(Brave Heart)로 자라나셨다. 그는 언제나 '하나님의 어린양'이셨지만 그의 마음은 '영원한 사자'(獅子)이시다. 히브리 노예들에게 예수님은 '희생양'이었다. 희생양의 보혈이 죽음으로부터 자신들을 구원했다. 그러나 애굽인들에게 예수님은 '사자'였다. 자신들의 땅을 황폐케 만든 것이 바로 이 '사자의 심장'이었기 때문이다. 어린양이며 동시에 사자이신 예수님께서는 애굽의 '에드워드 롱생크'로부터 사랑하는 자신의 아내를 구원하셨다.

예수-유월절 어린양
Jesus-The Passover Lamb

아브라함의 후손들은 애굽의 북부 지역, 고센 땅에서 사백 년 가까이 살았다(창 15:13 참조). 그들이 처음으로 애굽 땅을 밟았을 때는 칠십 명으로 구성된 한 가족이었다. 그러나 시간이 지남에 따라 인구가 증가하여 수백만에 이르는 하나의 민족이 되었다. 하나님께서 아브라함에게 약속하신 대로 하늘의 별처럼 해변의 모래처럼 그 수가 많아진 것이다(창 22:17 참조).

사실 히브리인들의 수가 너무 많았기 때문에 애굽의 왕 파라오는 이들의 급격한 성장을 두려워했다. 그래서 히브리 민족을 국가의 노예로 삼았다. 이들에게 혹독한 노동을 시켰다. 인간이라기보다 짐승과 같이 이들을 비인격적으로 다루었다. 파라오의 관원들은 점점 더 잔인한 방법으로 히브리 민족을 괴롭혔다. 너무나 혹독한 처사였기에 히브리인들은 견딜 수가 없었다. 비참하고 슬픈 현실 속에서 이들은 하나님을 향해 구원을 호소하였다. 주님은 이들의 요청을 듣고 아브라함에게 주셨던 언약을 기억하셨다(출 2:23-24 참조). 바로 그 언약 때문에 하나님께서는 애굽의 속박으로부터 아브라함의 자손을 구원하셔야 했다. 그리고 가나안으로 이들을 인도하셔야만 했다(창 13:15 참조).

하나님께서는 히브리 민족을 애굽의 속박으로부터 구원하시기 위해 '모세'라는 인간 도구를 들어 사용하셨다. 주님은 모세의 손을 통해 애굽 전역에 열 가지 무서운 재앙을 보내셨다. 애굽인들이 믿는 신을 차례차례 심판하신 것이다. 하나님께서는 이러한 방법으로 파라오를 압박하여 자기 민족을 구원하고자 하셨다. 그러나 하나님께서 매번 새로운 재앙을 보내실 때마다 파라오의 마음은 더욱 완강해졌다.

새로운 재앙이 애굽 전역을 휩쓸 때마다 파라오는 히브리 민족을 떠나보낼 수 있는 기회를 얻었다. 하지만 그는 하나님의 말씀을 듣지 않았다. 결국 하나님께서는 열 번째 재앙, 곧 마지막 재앙을 보내 애굽을 무릎 꿇리셨다. 히브리 백성을 향한 거룩한 질투심 때문에 주님께서는 '죽음의 재앙'을 애굽에 보내셨다. 이에 애굽 가정의 모든 장자는 죽음을 면치 못했다. 애굽을 향해 죽음의 재앙을 선포하심과 동시에 하나님께서는 자기 백성에게 이 재앙을 피할 수 있는 묘책을 가르쳐주셨다.

하나님이 모세에게 말씀하신다. "이 달로 너희에게 달의 시작 곧 해의 첫 달이 되게 하라"(출 12:2 참조). 이를 통해 우리는 하나님께서 무언가 새로운 일을 시작하실 것임을 알 수 있다. 확실히 하나님께서는 히브리 민족에게 새로운 일, 즉 그들의 남은 생애 가운데 '첫 번째 달'로 자리매김될 '새 일'을 행하실 예정이었다. 그들의 삶은 더 이상 과거와 동일할 수 없었다. 하나님의 인도와 보호하심 아래 '새로운 시작'을 경험할 것이었기 때문이다.

히브리 민족의 '새 출발'은 어린양의 취식(取食)으로 시작되었다. 하나님께서는 모세에게 다음과 같은 지침을 더하셨다. "너희는 이스라엘 회중에게 고하여 이르라 이 달 열흘에 너희 매인이 어린양을 취할지니 각 가족대로 그 식구를 위하여 어린양을 취하되…"(출 12:3) 모든 사람이 자기 가족을 위해 흠 없는 어린양을 잡아야 했다. 과정은 다음과 같다. 먼저 그 달의 제십 일에 양을 선택하여 사 일간 정말로 흠이 없는지를 잘 살펴가며 관찰한다. 아무런 문제가 발견되지 않을 경우, 각 사람은 그 양을 현관으로 데려가 그곳에서 숨통을 끊는다. 양을 잡는 사람은 문지방에서 잡되 그 피를 대야에 받아야 한다. 이후 우슬초(hyssop)를 엮어 만든 솔을 그릇에 담가 피를 충분히 적셔서 문설주와 양쪽 기둥에 흩뿌린다.

그러면 문설주와 문의 양편 두 기둥, 그리고 문지방에도 피가 흥건해진다. 집의 입구 전체가 피로 덮이는 것이다.

히브리인들의 하루는 우리 시각으로 저녁 여섯시에 시작된다. 이들은 저녁 여섯시에 양고기를 먹기 위해 오후 세시에 양을 잡는다. 그해 첫달 제십사 일 오후 세시, 양을 죽이기 위해 저마다 치켜들었던 칼날들은 고센 땅을 환히 비추던 애굽의 태양 빛을 머금더니 이내 '번쩍'이는 섬광을 내뿜기 시작했다. 이윽고 칼날이 닿은 자리에서 피가 솟구치기 시작했다. 온 가족이 보는 앞에서 양은 죽임을 당했다. 모든 가족은 피로 얼룩진 문을 열고 집 안으로 들어간다. 죽음의 재앙이 애굽 전역을 휩쓸 때까지 이들은 피의 보호막 아래에 머물러야 했다. 이후 이들은 불에 구운 양고기를 취식하였다. 이들의 집은 안전하였다. 이날 죽임을 당한 양들은 조금도 남김없이 섭취되어야 했기에 식구 수가 적은 가정은 이웃을 초청하여(혹은 식구 수가 많은 이웃집에 초청되어) 함께 식사를 나누었다(출 12:4 참조).

생각해보라! 실제로 수십만 가정에서 수십만 마리의 양이 도살되었다. 피가 각 가정의 문설주에 뿌려졌다. 양고기를 불에 굽는 냄새가 모든 집에서 동시에 피어올랐다. 마치 고센 땅 거주민 모두가 한자리에 모여 아주 큼직한 양 한 마리를 잡아 불에 구워먹는 것만 같았다! 이것이 오늘날의 상황이었다면 어땠을까? 만일 인구가 이백만 정도 되는 도시에서 시민들이 모두 각자의 집 뒷마당에 모여 바비큐 파티를 연다고 생각해보자. 아마 먼 곳에서도 고기 굽는 냄새를 맡을 수 있을 것이다. 멀리서도 그릴에서 피어오르는 연기를 볼 수 있을 것이다.

이것이 바로 애굽 땅에서 벌어진 사건이었다. 양고기를 굽는 냄새와 그 연기가 하늘에 닿았을 때, 하나님께서는 아브라함과 맺으신 언약을 기억하셨다. 그 아들 이삭을 대신하고자 준비해두셨던 숫양을 기억하셨다. 고센 땅에서 각 가정의 그릴 위에서 익고 있는 양고기 냄새에, 하나님께서는 아브라함과 맺었던 피의 언약이 그 자손들에게도 적용됨을 다시금 상기하셨다.

하나님은 다음과 같은 지침도 말씀해주셨다. "아침까지 (양고기를) 남겨두지 말며 아침까지 남은 것은 곧 소화하라 너희는 그것을 이렇게 먹을찌니 허리에 띠를 띠고 발에 신을 신고 손에 지팡이를 잡고 급히 먹으라 이것이 여호와의 유월절이니라"(출 12:10-11).

이후 자신의 백성을 향해 여정을 떠날 것을 준비하도록 명령하셨다. '죽음의 사자'라는 형태로 임하게 될 하나님의 심판이 애굽 땅 전역을 '가로지를'(pass over) 것이었기에, 문설주에 피를 바른 집은 '넘어갈'(pass over) 것이었기에, 히브리인들이 그 밤에 먹었던 언약의 음식은 '여호와의 유월절'(Lord's Passover)이라고 불렸다. 모든 집이 심판의 대상이었으나 문설주에 어린양의 피를 찍어 바른 가족은 하나님의 임박한 심판으로부터 제외되었다(출 12:12-13).

여기서 잠시 애굽 국가의 상징 문양이 '뱀'이었다는 사실을 이해하는 것이 중요하다. 성경 전체를 살펴보면 뱀은 사탄을 상징한다(계 12:9 참조). 애굽의 속박으로부터 히브리 민족을 구원하시기 위해 어린양의 피를 사용하셨던 것처럼, 미래의 어느 날 하나님께서는 '어린양' 예수님의 보혈을 통해 사탄의 권세를 파하시며 죄와 어둠의 속박으로부터 자기 백성을 구원하실 것이었다. 이것이 바로 '출애굽 사건'이 상징해주는 실체다.

히브리 민족 각 사람이 양고기를 먹었다. 또한 그들은 양을 이끌고 애굽을 걸어 나왔다. 이후 그들은 광야에서 양을 잡아 그 피로 하나님께 제사를 올렸다. 어린양의 피를 하나님께 올려드릴 때 그들은 상징적으로 자신의 생명을 하나님께 올려드린 것이었다. 그들은 양의 생명이 그 피에 있다는 사실을 알고 있었다(레 17:11 참조).

하나님께서 양을 바치라고 명령하셨기 때문에 양은 모든 히브리인의 생명을 대신하는 대속물로서 열납될 수 있었다. 그리고 피의 제사는 그들 모두를 하나님과의 연합으로 이끌었다. 희생 제물의 고기를 먹었을 때, 상징적으로 그들은 주님과 하나가 되었다. 또한 그들 모두는 하나님의 생명이 그들의 몸 안으로 들어올 것을 믿었다. 히브리 민족은 서로 다른 열두 부족으로 나뉘었지만 그들은 모두 한 마리 양의 부분 부분을 구성하였다. 말하자면 애굽의 속박에서 벗어나기 전, 민족 전체가 각자의 가정에서 어린양을 취식함으로써 결국 그들 모두 한 마리 '하나님의 어린양'을 소유하게 된 것과 같다.

하나님께서는 모든 세대가 매년 지켜야 할 규례로 유월절을(유월절 식사) 제정하셨다. 이 규례는 애굽으로부터의 구원을 영원토록 기념할 상징으로 자리 잡게 될 것이다. 또한 하나님과 맺은 언약 관계를 상기시켜 줄 성찬(聖餐)이 될 것이다.

유월절 축제가 시작되기 전, 모든 가정의 부엌과 식탁에서 누룩이 제거되어야 했다. 마루를 쓸고 구석을 닦고 또 선반을 잘 살펴 누룩이 있는지 주의 깊게 관찰해야 했다. 만일 가족의 대표가 집을 청소하다가 누룩을 발견하면 그것을 제거한 뒤에야, 온 가족과 더불어 '하나님과의 언약 식사'를 시작할 수 있었다. "너희는 칠 일 동안 무교병을 먹을지니 그 첫날에 누룩을 너희 집에서 제하라 무릇 첫날부터 칠 일까지 유교병을 먹는 자는 이스라엘에서 끊쳐지리라"(출 12:15).

누룩은 과거 애굽에서 속박받던 '구습'을 상징한다. 물론 성경 전체에서 누룩은 죄를 상징하기도 한다. 가장이 누룩을 찾기 위해 촛불을 들고 집 안 구석구석을 열심히 뒤질 때, 나머지 가족들은 그의 모습을 보며 하나님의 백성으로서 죄를 떨쳐버리고 주님과 연합하여 살아가는 것이 얼마나 중요한지를 '시각적'으로 깨닫게 된다.

유월절 음식을 섭취할 준비가 끝나면 가족 구성원들은 가장을 중심으로 식탁에 빙 둘러 모인다(구성원 간의 서열이나 순서에 따른 위치가 따로 정해져 있다). 이때 자녀들에게 유월절의 의미를 설명해야 할 책임은 가장에게 있다. 그는 자녀들에게 "이는 여호와의 유월절 제사라 여호와께서 애굽 사람을 치실 때에 애굽에 있는 이스라엘 자손의 집을 넘으사 우리의 집을 구원하셨느니라"라고 말해야 한다(출 12:27).

아브라함과 언약을 맺으실 때 하나님께서는 그에게 세 가지를 약속하셨다. 첫째는 하늘의 별과 바다의 모래처럼 셀 수 없을 정도로 많은 자손을 주시겠다는 것이었다. 둘째는 하나님께서 아브라함에게 주신 땅을 장차 그의 후손들이 차지하게 될 것이라는 약속이다. 마지막으로 아브라함의 후사 중 한 명이 온 세상을 복되게 할 것이라는 약속이다. 하나님께서 약속하신 이 후사는 이스라엘의 왕일 뿐만 아니라 본질상 그들의 하나님이셨다(창 12:1-3, 13:15-16, 15:18, 17:1-8 참조).

출애굽 이후 이스라엘은 가나안에 들어갔다. 첫 번째와 두 번째 약속은 성취되었다. 그들은 가나안 땅을 정복했다. 또한 큰 나라를 이루었다. 이제 하나님께서 자신들의 선조 아브라함에게 주셨던 세 번째 약속의 성취만을 기다리면 되었다. 구약을 살았던 이스라엘 백성은 장차 오실 그분을 소망하였다. 그래서 그들은 유월절 음식이 배연된 식탁에 항상 한 자리를 비워두었다. 이것 말고 이들이 장차 오실 '그분'을 기다리는 더 나은 방법은 없었다. 또한 이스라엘은 유월절 식탁 언저리에 항상 빈 포도주잔을 놓아두었다. 그리고 그 잔을 가리켜 '축복의 잔'이라고 불렀다(고전 10:16 참조). 장차 오실 이를 위해 준비해두었기에 누구도 그 컵을 사용할 수 없었다. 전승에 의하면 장차 오실 이는 축복의 잔에서 포도주를 마심으로 백성과 새로운 언약을 맺는다고 했다.

유대인들은 접시 대신 금색 실로 수놓은 조그마한 천주머니에 무교병을 담았다. 이 주머니에는 세 부분의 수납 공간이 있다. 그들은 '맛짜'로 불리는 세 덩어리의 무교병을 여기에 담았는데 각각의 공간에 한 덩어리씩 집어넣었다. 유월절 음식을 먹기 시작할 때 각 가정의 가장은 맛짜(세 조각의 빵) 중 가운데 덩어리를 꺼내어 여러 조각으로 나눈 뒤 각 사람에게 전달한다. 이후 각 사람은 자신이 받은 빵의 일부를 떼어 입에 넣는다.

이들은 세 덩어리의 무교병이 자신의 선조인 아브라함과 이삭과 야곱을 각각 상징한다고 믿었다—그중 가운데 덩어리는 희생 제물로 바쳐진 이삭을 상징한다. 하지만 실제로 이삭은 희생 제물로서의 죽음을 당하지 않았기 때문에 구약에 살았던 이스라엘 백성은 이러한 전통의 중요성을 온전히 이해할 수 없었다.

시간이 흘러 마침내 그들의 염원이었던 성전이 완공되었다. 사람들은 저마다 양을 끌고 예루살렘으로 향했다. 자신의 집 문설주에서 양을 잡는 대신 성전에서 잡기 시작한 것이다. 유월절은 큰 기쁨과 감격의 명절이었다. 성전에서 양을 잡아 희생제를 드릴 때 여호와의 제사장들은 그들을 인도하여 다윗의 시를 노래하게 했다. 특별히 시편 113-118편에 기록된 노래를 불렀다. 나팔과 피리와 탬버린과 심벌즈 및 다른 많은 악기가 이들의 찬양에 동원되었다. 온 나라가 하나님을 향해 목소리를 높여 "이날은 여호와의 정하신 것이라 이날에 우리가 즐거워하고 기뻐하리로다"(시 118:24)라고 노래 부를 때 음악은 최고조에 달했다.

그러나 세월이 지남에 따라 외곽에 살던 유대인들이 희생 제물을 들고 예루살렘으로 가는 일은 더욱더 어려워졌다. 이에 제사장들은 예루살렘 안에서 양을 키우기 시작했고 유월절이 되면 성전 안에 들여와 사람들에게 돈을 받고 팔곤 했다. 그러므로 유월절을 지키기 위해 외지에서 온 유대인들이 희생 제물로 예비된 어린양을 손쉽게 구매할 수 있었다. 제사장이 직접 키우고 판매하는 구조였으니, 희생 제물로서는 최고의 상품 가치를 지녔을 것이다(각별한 주의를 기울여 꼼꼼히 살펴보고 흠 없는 어린양을 선별하여 판매했기 때문이리라).

당신이 그 자리에 있다고 한 번 생각해보라. 당신은 유월절을 지키기 위해 예루살렘으로 향한다. 먼 거리를 지나 이제 막 예루살렘 근처에 다다랐다. 당신이 섬기는 하나님의 거룩한 도성 예루살렘이 눈앞에 보인다! 유월절 축제를 기대하며 당신은 극도로 흥분하기 시작한다. 성전의 위용과 아름다운 자태가 당신의 넋을 송두리째 앗아가 버린다. 사람들로 빼곡한 그곳에 당신이 있다. 큰 무리의 인파에 휩쓸려 당신은 결국 성전에 도착했다.

서로 밀고 당기는 어수선함 속에서 자신과 가족의 죄를 대속할 어린양 한 마리를 가까스로 구매할 수 있었다. "이번 유월절에는 양 이십오만 마리가 도살될 거라네"라는 말이 어깨너머로 들려온다(1세기 유대인 역사가였던 요세푸스[Josephus]의 기록에 의하면 어느 해 유월절에는 이십오만 육천오백 마리의 양이 도살되었다고 한다). 도살당하기를 기다리는 수천수만 마리의 양이 일제히 울어대는 소리에 당신은 다소 묘한 느낌을 갖게 된다.

사람들이 찬양의 축제를 기대하는 동안 설레는 분위기는 최고조에 이른다. 이제 세시까지는 얼마 남지 않았다. 곧 어린양들이 대량으로 도살될 것이다. 군중은 희생제를 드리기 위해 성전의 제단을 향해 발걸음을 옮기기 시작한다. 그들을 따라 당신도 걸음을 재촉한다.

제사장들은 제단으로부터 사람들이 대기하는 곳까지 두 개의 긴 행렬을 이루며 서있다. 희생 제물의 피를 받기 위해 각각의 제사장은 손에 그릇을 들고 있다. 이윽고 모든 사람이 기다렸던 시간이 되었다. 오후 세시, 당신의 눈에 비치는 것은 오직 햇빛에 반사되는 칼의 번쩍임과 도살되는 양의 모습뿐이다. 이제 당신이 데려온 양의 멱을 딸 차례다. 그놈의 목에 칼을 대었다. 상흔에서 피가 솟구쳐 이내 당신의 손가락을 뜨겁게 적신다. 비록 애완용으로 길렀던 양은 아니지만, 당신은 그것의 죽음 앞에서 마음속 깊이 야릇한 감정이 올라오는 것을 느낀다.

당신 앞에 서있던 제사장이 그릇에 피를 받는다. 어느 정도 채운 뒤

재빨리 제단 옆에 서있는 또 다른 제사장에게 전달한다. 그는 신중하게 그릇을 받아 제단을 향해 피를 흩뿌린다. 그리고 빈 그릇을 또 다른 제사장에게 전달하여 그로 하여금 다음 사람의 희생제를 주관하게 한다. 이제 희생제와 관련하여 당신이 해야 할 모든 순서는 끝났다. 다만 즐거운 마음으로 기쁨의 시편을 노래하기만 하면 된다.

하지만 방금 무언가 심오한 사건이 일어났다는 사실을 까맣게 잊은 채 유월절 축제의 화려함에 온전히 마음을 빼앗기는 것이 가능하겠는가? 방금 어린양을 도륙한, 이 의미심장한 사건을 경험하고도 이것이 장차 도래할 완벽한 '희생 제물'의 그림자라는 사실을, 또 온전한 어린양이 도래하여 그동안 치렀던 동물의 희생 제사를 완성(fulfillment)하실 것임을 깨닫지 못하는 게 가능하겠는가?

안타깝게도 어느 한 해의 유월절 오후, 이러한 일이 실제로 수많은 유대인에게 일어났다. 그들은 아무것도 깨닫지 못한 채 유월절을 즐기고 말았다.

그해의 첫 달, 유월절을 앞둔 제십 일로 돌아가 보자. 애굽의 탈출을 목전에 둔 히브리 민족이 모세의 명령에 따라 어린양을 준비했던 날과 동일한 날이었다. 바로 그날 하나님의 어린양이 예루살렘에 입성하셨다. 많은 사람이 종려나무 가지를 흔들며 그를 마중 나왔다. 예수님께서 가까이 오시자 그들은 일제히 환호하기 시작했다. "호산나 복 되도다 주의 이름으로 오시는 이여 복 되도다 이스라엘의 왕이여"(요 12:13 참조).

나귀 새끼를 타고 예루살렘에 들어가신 예수님은 사백 년 전 스가랴(Zechariah) 선지자가 전했던 예언의 말씀을 성취하셨다. "시온의 딸아 크게 기뻐할지어다 예루살렘의 딸아 즐거이 부를지어다 보라 네 왕이 네게 임하나니 그는 공의로우며 구원을 베풀며 겸손하여서 나귀를 타나니 나귀의 작은 것 곧 나귀 새끼니라"(슥 9:9).

하지만 몇몇 정치·종교 지도자들은 예수님을 죽일 방법을 모색하였다. 오 일간 그들은 예수님을 관찰하고 또 그의 행동과 말을 시험하였다. 하지만 조금의 문제점도 찾을 수가 없었다. 예수님은 흠도 없고 점도 없는 '어린양' 이셨기에… 예수님은 유월절의 어린양으로 죽기 위해 태어나셨다. 때문에 그들은 예수님에게서 어떠한 결점도 찾을 수가 없었다.

그 달 제십사 일 저녁(우리 시각으로 오후 여섯시)이 되어야 비로소 유월절이 시작되었기 때문에, 예수님은 유월절이 이르기 전에 체포되지 않으려고 주의를 기울이셨다. 예수님께서는 일단 두 제자, 베드로와 요한을 성내로 보내셨다. 그들은 어떤 한 남자와 만날 것이었는데, 그 사람은 예수님과 제자들이 유월절 식사를 나눌 수 있도록 자신이 소유한 공간을 내어줄 사람이었다(눅 22:1-13 참조). 그런데 예수님과 제자들이 나누게 될 유월절 음식은 여느 유월절 음식과 다른 아주 특별한 음식이었다-새 언약에 의해 그들에게 허락된 새로운 음식이었다.

각 가정의 가장이 포도주잔을 들고 감사의 언어로 복된 말씀을 전할 때 유월절 식사가 시작된다. 예수님 역시 포도주잔을 손에 들고 하나님께 감사드린 후 제자들이 나눠 마실 수 있도록 그들에게 건네주셨다(눅 22:17 참조). 이후 유월절 식사가 시작되었다. 그런데 식사가 끝날 무렵 예수님은 예기치 않은 행동을 하셨다. 빵 몇 조각을 집으시고 그것을 떼어 제자들에게 나눠주시더니 이렇게 말씀하셨다. "이것은 너희를 위하여 주는 내 몸이라 너희가 이를 행하여 나를 기념하라"(눅 22:19). 이로써 '맛짜'의 가운데 덩어리 무교병이 더 이상 이삭과 그의 대속 제물을 상징하지 않는다는 사실이 명백해졌다. 손으로 떼어낸 맛짜는 예수 그리스도를 상징했다. 참되신 하나님의 어린양, 세상의 죄를 위하여 자신을 죽음으로 내몰 바로 그 어린양 말이다.

이후 예수님께서 다시 한 번 포도주잔(또 다른 포도주잔)을 집어 드셨다. 그리고 입을 열어 말씀하셨다. "이 잔은 내 피로 세우는 새 언약이니 곧 너희를 위하여 붓는 것이라"(눅 22:20). 언약의 식사를 시작하실 때 예수님께서 제자들과 나누어 마신 포도주잔은 일반적인 컵이었다. 그러나 저녁을 마무리할 때 예수님께서 손에 쥐셨던 컵은 '오실 이(메시아)의 포도주잔'이었다. 이렇게 하심으로써 예수님께서는 자신이 '모든 언약(아브라함과의 언약을 포함하여)의 성취'임을 선포하신 것이다.

유월절 식사를 마친 후 예수님은 기도하기 위해 제자들과 함께 곧장 겟세마네 동산으로 향하셨다. 바로 그곳에서 가룟 유다가 예수님을 배반하였다. 그는 예수님을 로마 군사들에게 넘겨주었고, 이어 그들은 유대교의 종교 지도자들에게 예수님을 넘겼다. 레위 제사장들이 헤롯의 성전 뜰에서 자신들이 키워낸 어린양의 부적격 상태를 살피던 바로 그 시간에 하나님의 어린양은 대제사장과 산헤드린 공의회원들에게 심문당하셨다(막 14:53-65 참조). 이후 하나님의 어린양은 빌라도의 손에 넘겨졌고, 빌라도는 그에게서 아무런 '부적격 혐의'가 발견되지 않음을, 하나님의 어린양에게서 아무런 흠도, 어떠한 점도 발견되지 않음을 선포하였다(요 19:6 참조). 그러나 빌라도는 성난 백성이 폭동을 일으킬까 봐 두려워 예수님을 군사들의 손에 넘겼다. 그리고 병사들에게 어린양을 도살할 것을 명령하였다(마 27:23-24 참조).

이튿날 아침 아홉시(유대인의 시간 셈법으로는 '제삼시')가 되었다(날이 밝았지만 아직 유월절이다. 유대인은 우리 시간으로 저녁 여섯시에 하루가 시작됨을 기억하라). 지난 사 일여 동안의 검사를 통과하여 '적격' 판정을 받은 양들이 유월절 제사를 위해 최종적으로 준비되는 시간이다. 바로 그 시간에 우리의 유월절 어린양이신 예수님, 그분의 두 팔과 발목에 커다란 못이 들어갔다(막 15:25 참조). 그리고 오후 세시(유대인의 시간으로는 '제구시'), 헤롯의 성전 제단에서 수많은 양이 죽임을 당하고 사람들의 입에서 여호와를 향한 기쁨의 찬미 소리가 터져 나왔던 그 시간에, 예수님은 십자가에서 힘겨운 마지막 숨을 내쉬고 운명하셨다(마 27:46, 50 참조). 우리의 속죄 제물이 되셨던 그 시간에, 하나님의 진노의 불이 내려와 우리의 유월절 어린양 예수님을 온전히 사르셨다.

옛 언약의 온전한 성취를 위해 예수님의 뼈는 꺾이지 않았다. 유월절 어린양의 뼈는 조금도 손상되어서는 안 되었다(출 12:46, 시 34:20, 요 19:36). 그리고 유대인들-자신들이 예언의 말씀을 성취하고 있다는 사실을 깨닫지도 못하는 그들은 저녁 여섯시가 되기 전, 성급히 예수님의 시신을 십자가에서 내렸다. 그들의 이러한 행동은 유월절 다음 날까지 아무것도 남기지 말아야 한다는 율법의 규정, 혹은 예언의 성취였다(출 12:10, 요 19:31).

새 언약으로 들어감
Entering into the New Covenant

히브리 민족의 '하나님과 함께하는 새로운 삶'은 양고기의 섭취로 시작되었다. 하지만 그것은 말 그대로 긴 여정의 시작-하나님께서 그들에게 주신 모든 약속으로 나아가는 긴 여행의 시작이었다. 마찬가지로 우리 역시 하나님과 언약 관계를 맺을 때 긴 여행길에 오르게 된다. 하나님과의 동행을 즐거워하는 사람은 오직 '양을 섭취한', 하나님의 어린양 '예수 그리스도를 마음에 모신' 사람들이다.

구원은 일회적인 경험이 아니다-구원은 하나의 긴 여정으로, 이 여행길에서 우리는 끊임없이 그리스도의 성품을 닮아가야 한다. 이스라엘 민족이 그러했듯이 우리도 우리의 영적인 영역에서 누룩을 제해야 한다(고전 3:16, 6:19-20). 하늘 아버지와의 긴밀한 연합을 방해할 누룩찌끼(죄)가 우리 안에 남아있는지 성령님께서 낱낱이 파헤치실 수 있도록 기도해야 한다.

성령님께서 깨끗이 씻으시도록 자신을 내어드리면, 성령님은 이 말씀을 확신시켜주실 것이다. "만일 우리가 우리 죄를 자백하면 저는 미쁘시고 의로우사 우리 죄를 사하시며 모든 불의에서 우리를 깨끗케 하실 것이요"(요일 1:9). 다음의 사실도 상기시켜주실 것이다. "그러므로 이제 그리스도 예수 안에 있는 자에게는 결코 정죄함이 없나니 이는 그리스도 예수 안에 있는 생명의 성령의 법이 죄와 사망의 법에서 너를 해방하였음이라"(롬 8:1-2). 성령께서는 죄의 폭정과 억압으로부터 자유케 될 수 있는 기회를 제공해주신다.

사자의 심장을 지닌 예수(사자같이 용맹한 예수)
Jesus-The Lionhearted

영화 '브레이브 하트'에서 윌리엄 월리스는 영국의 압제자들에게 대항한 첫 번째 스코틀랜드인으로 등장한다. 영국 국왕 롱생크가의 에드워드는 윌리엄 월리스의 항쟁에 단단히 화가 났다. 그는 폭동을 잠재우기 위해 스털링(Sterling)으로 자신의 군사를 파견하였다. 영국과 싸우기 위해 고지대에 살던 북부의 스코틀랜드인들(highlanders)이 수백, 수천 단위로 모여들었다. 단판 승부를 낼 수 있는 절호의 기회였다. 그러나 스코틀랜드의 귀족들은 이 기회를 별로 탐탁찮게 여겼다. 대신 그들은 롱생크가와의 화친, 또 그로부터 더 많은 영토와 더 높은 관직을 수여받기 원했다.

추종할 만한 리더의 부재 가운데 스코틀랜드 사람들은 낙심하기 시작했다. 하나둘씩 자신의 처소로 발길을 돌렸다. 그 순간 용사의 무리를 이끌고 거칠게 말을 몰아 윌리엄 월리스가 전장에 도착하였다. 그들의 얼굴에 매섭게 칠해져 있던 시퍼런 물감은 굳센 전의를 일으키기에 충분했다. 월리스와 그의 용사들은 이미 싸울 채비를 다 갖추었다. 귀족들은 싸움을 회피하기 위해 영국의 장군들과 한 차례 더 협상하고자 적진과 아군의 중간 지점에서 회동하였다. 그러나 이러한 귀족들의 행동은 안중에도 없는 듯, 윌리엄 월리스는 두려움에 사로잡힌 스코틀랜드인의 마음에 불을 지피기 시작했다. "스코틀랜드의 아들들이여! 그대들은 자유인으로서 이곳에 싸우러 왔노라. 그대들은 진정한 자유인이다!" 이후 두려움에 사로잡혀 사는 것은 결코 삶이 아니라는 사실과 모든 사람이 언젠가 한 번은 죽음을 맞이한다는 진리를 열정적으로 설파했다. "만일 그대들이 오늘 싸우지 않고 집으로 돌아간다면 몇 년은 더 살 수 있을 것이다. 하지만 오늘부터 계수하여 침상에 누워 눈을 감게 될 그날까지 그 모든 나날을 후회하지 않을 자신이 있는가? 앞으로 살아갈 여생과 저 원수들을 향해 이렇게 외칠 수 있는 오늘 이 순간을 맞바꾸고 싶지 않겠는가? '너희는 내게서 목숨을 빼앗을 수는 있어도 자유를 빼앗을 수는 없다!'"

마음을 움직이는 연설의 막바지에, 스코틀랜드인들은 맹수의 포효를 발하며 전의를 다졌다. 이때 월리스의 친한 친구가 그에게 다가가 조용히 물었다. "멋진 연설이었네, 친구. 그런데 이제 뭘 해야 하지?" 이에 월리스가 대답했다. "나도 몰라. 그냥 하던 대로 해야지 뭐." 이 말을 하고 월리스는 말을 몰아 적장과 아군의 귀족들이 모여있는 곳을 향해 달리기 시작했다. 그의 친구가 또 다시 물었다. "자네 지금 어딜 가나?" 그때 월리스가 그 유명한 대사를 읊는다. "싸움 좀 걸어야지."

스코틀랜드의 귀족들이 영국의 폭군들에게 아첨하는 동안 월리스는 이리저리 말을 몰며 이들의 회의를 방해하였다. 그는 영국의 군사령관에게 험한 말을 내뱉으며 또 그들을 골리며 싸움을 붙이기 시작했다. 결국 귀족들의 화친 노력은 수포로 돌아갔다. 스털링 전쟁이 시작되었다—스코틀랜드 해방의 시초가 된 바로 그 전쟁 말이다.

월리스와 마찬가지로 예수님 역시 원수와의 싸움을 개진하셨다. 이 싸움은 에덴동산에서 시작되었다. 장차 예수님께서 뱀의 머리를 상하게 하리라는 예언이 선포된 바로 그곳에서 말이다(창 3:14-15 참조). 예수님은 이 싸움—자기 백성을 자유케 하기 위한 싸움—을 싸우셔야 했다. 수많은 지면을 할애하여 성경은 예수님의 전쟁 기사를 이야기하고 있다.

히브리 민족을 노예로 삼았던 애굽인들이 과연 예수님을 '온유한 어린양'으로 생각했을지 궁금하다. 영토를 빼앗아 자신의 아내에게 선물로 주시는 '만군의 주'를, 이스라엘의 대적들은 어떻게 생각했을까? 삼손은 어떤가? 그는 맨손으로 사자를 때려잡았던 용사였는데, 블레셋 사람들이 자신의 아내를 이용해 자신을 해하려고 하자 삼손은 블레셋을 초토화시켰다. 이후 블레셋 사람들은 삼손의 아내를 그 아비와 함께 불태워 죽였다. 아내를 잃은 슬픔에 삼손은 화가 나서 나귀의 턱뼈를 가지고 블레셋 사람 천 명을 때려죽였다. 기억하라. 이 일은 "여호와의 신의 권능이 삼손에게 임하여"(삿 15:14) 일어난 일이었다.

종교의 영은 유다의 사자에게서 발톱을 제거하여 마치 잘 길들여져서 할머니들에게 사랑받는 애완동물처럼 만들려고 했다. 그러나 이것은 성경에 길들여진 예수님의 모습이 아니다. 예수님은 사자의 심장을 지닌 분으로서, 성전에서 매매하는 자들과 환전하는 자들의 상을 뒤엎으시기까지 분노하시는 하나님의 모습을 보여주셨다. 아버지의 기도하는 집이 강도의 굴혈로 변모된 것을 보신 주님은, 하나님의 전을 사모하시는 열정, 질투하기까지 사모하시는 그 열정 때문에 행악자들의 소행을 견디실 수 없었던 것이다(마 21:12-13).

신부될 사람의 등에 엄청난 짐을 지우고 그들을 도와주기는커녕 손가락 하나 까딱하지 않은 채 스스로 말한 것도 지키지 않았던 바리새인들이 있었다. 성경 곳곳에서 우리의 용감한 신랑이 이러한 바리새인들과 싸우는 장면을 볼 수 있다. 바리새인들은 이스라엘을 향한 하나님의 의도를 아주 심하게 왜곡하여 가르쳤기 때문에 백성이 그릇된 길로 가다가 매를 맞기도 했고 또 곤경에 처하기도 했다.

겟세마네 동산에서 그 깊은 밤에 일단의 폭도가 횃불과 몽치를 들고 예수님을 체포하러 왔다. 그들은 환한 대낮에 예수님을 데려갈 만큼의 용기도 없는 사람들이었다. 하지만 유다의 사자이신 예수님께서 땅을 딛고 일어서셨다. 그의 작은 말 한마디에도, 그의 모습에서 풍기는 약간의 카리스마에도, 모든 폭도가 정신을 잃고 그 자리에서 쓰러져야 했다(요 18:4-8 참조).

골고다 언덕, 두 강도 사이에 세워진 십자가에 오르셨을 때 예수님은 어린양으로서 도살자에게 스스로를 내어주신 것이다. 그러나 그가 사망과 지옥의 권세를 이기셨을 때, 그는 영락없는 사자였다. 우리의 용사이신 예수님께서는 원수를 몰아내시고 모든 사람 앞에서 그들을 수치스럽게 만드셨다(골 2:15).

죄와 사탄의 폭정-최초의 '롱생크'-으로부터 인류를 해방시키시며, 십자가에서 그가 남기신 마지막 외침은 "자유!"였다. 수 세기가 지난 지금도 그의 외침은 메아리처럼 울려 원수의 불법적인 약탈로부터 신부들을 자유케 한다.

언젠가 예수님은 이 땅을 다시 방문하시리라. 그때 그는 흰 말을 올라탄 군대의 장관으로 오실 것이다. 그의 입에서는 양날 선 검이 나올 것이다. 그는 언제나 이 세상의 죄를 지고 가실 하나님의 어린양이시겠지만(요 1:29 참조), 동시에 언제나 사자의 심장을 가진 왕-예수 그리스도일 것이다(계 5:5 참조).

그러나 나에게 예수님은 항상 용감한 신랑, 나의 열정적인 정복자이자 영웅이시다!

마침 기도
Closing Prayer

아버지, 더 이상은 이전과 같은 삶, 이전과 같은 모습이 반복되는 것을 원하지 않습니다. 내 눈을 여시고 내 마음을 깨우셔서 당신의 아름다움을 보게 하옵소서. 예수님, 사자의 발톱으로 내 마음을 여시고 당신의 사랑으로 가득 채워주소서. 당신의 열정으로 나를 사로잡으사 내 마음의 사랑을 당신의 것으로 취하소서. 나의 전 존재가 당신의 소유이기를 원합니다. 당신은 나의 사랑, 나의 구세주이십니다. 당신은 내 아름다운 용사이시며 나의 영웅, 나의 정복자이십니다. 예수님의 이름으로 기도합니다. 아멘.

순전한 나드 도서안내   02-574-6702

No.	도서명	저자	정가
1	강력한 능력전도의 비결	체 안	11,000
2	거의 완벽한 범죄	프랜시스 맥너트	13,000
3	광야에서의 승리(개정판)	존 비비어	10,000
4	교회, 그 연합의 비밀	프랜시스 프랜지팬	10,000
5	교회를 뒤흔드는 악령을 대적하라	프랜시스 프랜지팬	5,000
6	교회를 어지럽히는 험담의 악령을 추방하라	프랜시스 프랜지팬	5,000
7	그리스도인의 삶의 비결	진 에드워드	8,000
8	기름부으심	스미스 위글스워스	8,000
9	꿈을 통해 말씀하시는 하나님	헤피만 리플	10,000
10	날마다 하나님께로 더 가까이	존 비비어	13,000
11	내 백성을 자유케 하라	허철	10,000
12	내게 신선한 기름을 부으셨나이다	허철	9,000
13	내면 깊은 곳으로의 여행	진 에드워드	11,000
14	내어드림	페늘롱	7,000
15	다가온 예언의 혁명	짐 골	13,000
16	다가올 전환	래리 랜돌프	9,000
17	당신도 예언할 수 있다	스티브 탐슨	12,000
18	당신은 예수님의 재림에 준비가 되어 있습니까?	메릴린 히키	13,000
19	당신은 치유받기 원하는가	체 안	8,000
20	당신의 기도에 영적 권위가 있습니까?	바바라 윈트로블	9,000
21	더넓게 더깊게	메릴린 앤드레스	13,000
22	동성애 치유될 수 있는가?	프랜시스 맥너트	7,000
23	두려움을 조장하는 악령을 물리치라	드니스 프랜지팬	5,000
24	마지막 시대에 악을 정복하는 법	릭 조이너	9,000
25	마켓플레이스 크리스천(개정판)	로버트 프레이저	9,000
26	무시되어 온 축복의 통로	존 비비어	6,000
27	믿음으로 질병을 치유하라(개정판)	T.L 오스본	20,000
28	병고침	스미스 위글스워스	9,000
29	부서트리고 무너트리는 기름 부으심	바바라 J. 요더	8,000
30	부자 하나님의 부자 자녀들	T.D 제이크	8,000
31	사도적 사역	릭 조이너	12,000
32	사랑하는 자가 병들었나이다	허 철	8,000
33	사사기	잔느 귀용	7,000
34	사업을 위한 기름 부으심(개정판)	에드 실보소	10,000
35	상한 마음을 치유하는 기도	마크 버클러	15,000
36	상한 영의 치유1	존&폴라 샌드포드	17,000
37	상한 영의 치유2	존&폴라 샌드포드	13,000
38	성령님을 아는 놀라운 지식	허 철	10,000
39	성령의 은사	스미스 위글스워스	10,000
40	성의 치유	데이빗 카일 포스터	13,000
41	세계를 변화시키는 능력	릭 조이너	10,000
42	속사람의 변화 1	존&폴라 샌드포드	11,000
43	속사람의 변화 2	존&폴라 샌드포드	13,000
44	신부의 중보기도	게리 윈스	11,000
45	십자가의 왕도	페늘롱	8,000
46	아가서	잔느 귀용	11,000
47	악의 속박으로부터의 자유	릭 조이너	9,000
48	어머니의 소명	리사 하텔	12,000
49	여정의 시작	릭 조이너	13,000
50	영광스러운 교회에 보내는 메시지 1	릭 조이너	10,000
51	영광스러운 교회에 보내는 메시지 2	릭 조이너	10,000
52	영분별	프랜시스 프랜지팬	3,500
53	영으로 대화하시는 하나님	래리 랜돌프	8,000
54	영적 전투의 세 영역(개정판)	프랜시스 프랜지팬	10,000
55	예레미야	잔느 귀용	6,000
56	예수 그리스도와의 친밀함	잔느 귀용	7,000
57	예수님 마음찾기	페늘롱	8,000

PURE NARD BOOKS

No.	도서명	저자	정가
58	예수님을 닮은 삶의 능력	프랜시스 프랜지팬	9,000
59	예수님을 향한 열정〈개정판〉	마이크 비클	12,000
60	요한계시록	잔느 귀용	11,000
61	우리 혼의 보좌들	폴 키스 데이비스	10,000
62	인간의 7가지 갈망하는 마음	마이크 비클	11,000
63	저주에서 축복으로	데릭 프린스	6,000
64	적의 허를 찌르는 기도들	척 피어스	10,000
65	조지 W. 부시의 믿음	스티븐 멘스필드	11,000
66	주님! 내 눈을 열어주소서	게리 오츠	8,000
67	주님, 내 마음을 열어주소서	캐티 오츠/로버트 폴 램	9,000
68	오중사역자들 어떻게 협력해야 하나?〈개정판〉	벤 R 피터스	9,000
69	지구상에서 가장 강력한 기도	피터 호로빈	7,500
70	지금은 싸워야 할 때	프랜시스 프랜지팬	8,000
71	찬양하는 전사들	척 피어스/존 딕슨	12,000
72	천국경제의 열쇠	샨 볼츠	8,000
73	천국방문〈개정판〉	애나 로운트리	11,000
74	축사사역과 내적치유의 이해 가이드	존&마크 샌드포드	18,000
75	출애굽기	잔느 귀용	10,000
76	하나님과 동행하는 사람들〈개정판〉	샨 볼츠	9,000
77	하나님과 사람에게 더욱 사랑스러운 자	듀안 벤더 클럭	10,000
78	하나님과의 연합	잔느 귀용	7,000
79	하나님으로부터 오는 능력	찰스피니	9,000
80	하나님을 연인으로 사랑하는 즐거움	마이크 비클	13,000
81	하나님의 마음에 합한 사람	마이크 비클	13,000
82	하나님의 심정 묵상집	페늘롱	8,500
83	하나님의 아름다움을 바라보는 축복	허 철	10,000
84	하나님의 요새	프랜시스 프랜지팬	8,000
85	하나님의 음성을 듣는 방법〈개정판〉	마크&패티 버클러	15,000
86	하나님의 장군의 일기	잔 G. 레이크	6,000
87	항상 배가하는 믿음	스미스 위글스워스	10,000
88	항상 부족함이 없으리로다	하이디 베이커	8,000
89	혼동으로부터의 자유	릭 조이너	5,000
90	혼의 묶임을 파쇄하라	빌&수 뱅크스	10,000
91	화 있을진저 외식하는 서기관과 바리새인들	존 비비어	8,000
92	횃불과 검	릭 조이너	8,000
93	21C 어린이 사역의 재정립	베키 피셔	13,000
94	금식이 주는 축복	마이크 비클&다나 캔들러	12,000
95	승리하는 삶	릭 조이너	12,000
96	부활	벤 R. 피터스	8,000
97	거절의 상처를 치유하시는 하나님	데릭 프린스	6,000
98	그리스도의 제사장적 신부	애나 로운트리	13,000
99	마귀의 출입구를 차단하라	존 비비어	13,000
100	통제 불능의 상황에서도 난 즐겁기만 하다	리사 비비어	12,000
101	어린이와 십대를 위한 축사사역	빌 뱅크스	11,000
102	알려지지 않은 신약성경 교회 이야기	프랭크 바이올라	12,000
103	빛은 어둠 속에 있다	패트리샤 킹	10,000
104	가족을 위한 영적 능력	베벌리 라헤이	12,000
105	목적을 나아가는 길	드보라 조이너 존슨	8,000
106	예언사역 매뉴얼	마크 비써	12,000
107	추수의 천사들	폴 키스 데이비스	13,000
108	컴 투 파파	게리 윈스	13,000
109	러쉬 아워	슈프레자 싯홀	9,000
110	그리스도 안에 거하는 삶	앤드류 머레이	10,000
111	지도자의 넘어짐과 회복	웨이드 굿데일	12,000
112	하나님의 일곱 영	키이스 밀러	13,000
113	너희 지체를 의의 병기로 하나님께 드리라	허 철	8,000
114	신부	론다 캘혼	15,000

No.	도서명	저자	정가
115	추수의 비전	릭 조이너	8,000
116	하나님이 이 땅 위를 걸으셨을 때	릭 조이너	9,000
117	하나님의 집	프랜시스 프랜지팬	11,000
118	도시를 변화시키는 전략적 중보기도	밥 하트리	8,000
119	왕의 자녀의 초자연적인 삶	빌 존슨 & 크리스 밸러턴	13,000
120	초자연적 능력의 회전하는 그림자	줄리아 로렌 & 빌 존슨 & 마헤쉬 차브다	13,000
121	언약기도의 능력	프랜시스 프랜지팬	8,000
122	꿈의 언어	짐 골 & 미쉘 앤 골	13,000
123	믿음으로 산 증인들	허 철	12,000
124	욥기	잔느 귀용	13,000
125	포로들을 해방시키라	앨리스 스미스	13,000
126	나라를 변화시킨 비전: 윌리엄 테넌트의 영적인 유산	존 한센	8,000
127	세상을 다스리는 권세의 회복	레베카 그린우드	10,000
128	예언적 계약, 잇사갈의 명령	오비 팍스 해리	13,000
129	창세기 주석	잔느 귀용	12,000
130	하나님의 강	더치 쉬츠	13,000
131	당신의 운명을 장악하라	알렌 키란	13,000
132	용서를 선택하기	존 로렌 & 폴라 샌드포드 & 리 바우먼	11,000
133	자살	로렌 타운젠드	10,000
134	레위기/민수기/신명기 주석	잔느 귀용	12,000
135	그리스도인의 영적혁명	패트리샤 킹	11,000
136	초자연적 중보기도	레이첼 힉스	13,000
137	꿈과 환상들	조 이보지	12,000
138	나는 하나님의 음성을 듣는다	킴 클레멘트	11,000
139	엘리야의 임무	존 & 폴라 샌드포드	13,000
140	하나님의 초자연적인 능력	바비 코너	11,000
141	거룩과 진리와 하나님의 임재	프랜시스 프랜지팬	9,000
142	사랑하는 하나님	마이크 비클	15,000
143	천사와의 만남	짐 골 & 미쉘 앤 골	12,000
144	과거로부터의 자유	존 & 폴라 샌드포드	13,000
145	일곱 교회 이기는 자에게 주시는 축복	허 철	9,000
146	계시의 비밀	폴 키스 데이비스	11,000
147	은밀한 처소	데일 파이프	13,000
148	일곱 산에 관한 예언	조니 앤로우	13,000
149	일터에 영광이 회복되다	리차드 플레밍	12,000
150	악의 삼겹줄을 파쇄하라	샌디 프리드	11,000
151	초자연적 경험의 신비	짐 골 & 줄리아 로렌	13,000
152	웃겨야 살아난다	피터 와그너	8,000
153	폭풍의 전사	마헤쉬 & 보니 차브다	13,000
154	영향력	윌리엄 L. 포드 3세	11,000
155	사자 같은 용사들	바비 코너	6,000
156	승리의 발걸음	바비 코너	6,000
158	속죄	데릭 프린스	13,000
159	신의 성품에 참예하는 자	허 철	8,000
160	예언, 꿈, 그리고 전도	덕 애디슨	13,000
161	아가페, 사랑의 길	밥 멈포드	13,000
162	불타오르는 사랑	스티브 해리슨	12,000
163	그 이상을 갈망하라!	랜디 클락	13,000
164	순결	크리스 밸러턴	11,000
165	능력, 성결, 그리고 전도	랜디 클락	13,000
166	종교의 영	토미 펨라이트	11,000

모닝스타 코리아 저널 morningstar KOREA JOURNAL

No.	도서명	저자	정가
1	모닝스타저널 제1호	릭 조이너 외	7,000
2	모닝스타저널 제2호	릭 조이너 외	7,000
3	모닝스타저널 제3호 승전가를 울릴 지도자들	릭 조이너 외	7,000
4	모닝스타저널 제4호 하나님의 능력	릭 조이너 외	7,000
5	모닝스타저널 제5호 믿음과 하나님의 영광	릭 조이너 외	7,000
6	모닝스타저널 제6호 성숙에 이르는 길	릭 조이너 외	7,000
7	모닝스타저널 제7호 마지막 때를 위한 나침반	릭 조이너 외	7,000
8	모닝스타저널 제8호 회오리 바람	릭 조이너 외	8,000
9	모닝스타저널 제9호 하늘 위의 선물	릭 조이너 외	8,000
10	모닝스타저널 제10호 천상의 언어	릭 조이너 외	8,000
11	모닝스타저널 제11호 신의 성품에 참예하는 자	릭 조이너 외	8,000
12	모닝스타저널 제12호 언약의 사람들	릭 조이너 외	8,000
13	모닝스타저널 제13호 열린 하나님의 나라	릭 조이너 외	8,000
14	모닝스타저널 제14호 하나님 나라의 능력	릭 조이너 외	8,000
15	모닝스타저널 제15호 하나님 나라의 복음	릭 조이너 외	8,000
16	모닝스타저널 제16호 성령 안에서 사는 삶	릭 조이너 외	8,000
17	모닝스타저널 제17호 성령 충만한 사역	릭 조이너 외	8,000
18	모닝스타저널 제18호 초자연적인 세계	릭 조이너 외	8,000
19	모닝스타저널 제19호 하늘을 이 땅으로 이끌어내다	릭 조이너 외	8,000
20	모닝스타저널 제20호 견고한 토대 세우기	릭 조이너 외	8,000
21	모닝스타저널 제21호 부서지는 세상에서 견고히 서기	릭 조이너 외	8,000
22	모닝스타저널 제22호 소집령	릭 조이너 외	8,000
23	모닝스타저널 제23호 성도들을 구비시키라	릭 조이너 외	8,000
24	모닝스타저널 제24호 자유의 투사들	릭 조이너 외	8,000
25	모닝스타저널 제25호 땅을 차지하기, 견고한 진들에 대한 승리	릭 조이너 외	8,000
26	모닝스타저널 제26호 도래할 시기를 준비하라	릭 조이너 외	8,000

※**모닝스타 코리아 저널**은 한정판으로 출간되기 때문에 품절될 경우 구매하실 수가 없습니다. 그러므로 **품절 여부**를 확인하신 후 구매하시기 바랍니다.